보이지 않는 침입자들의 세계

보이지 않는 침입자들의 세계

人生명강 01

나를 죽이는 바이러스와 우리를 지키는 면역의 과학

신의철 지음 KAIST 의과학대학원 교수

21세기북스

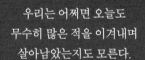

우리는 어쩌면 오늘도
무수히 많은 적을 이겨내며
살아남았는지도 모른다.

아무도 모르게 내 몸속에 침투해
나를 죽이고 우리의 일상을 망치는
바이러스

보이지 않는 침입자들로부터
어떻게 나를 지켜낼 수 있을까?

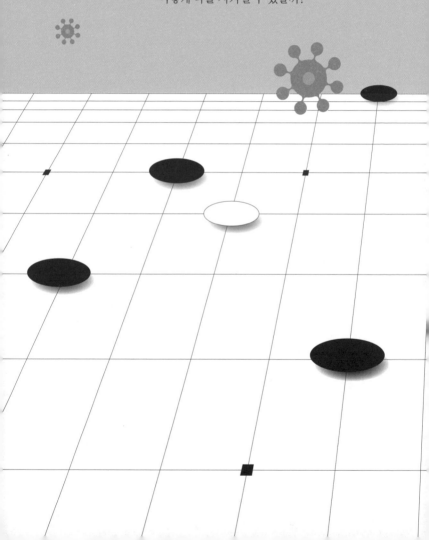

내 몸속 최전방에서
나를 위해 싸우는 또 다른 나,

우리에게는 '면역'이 있다.

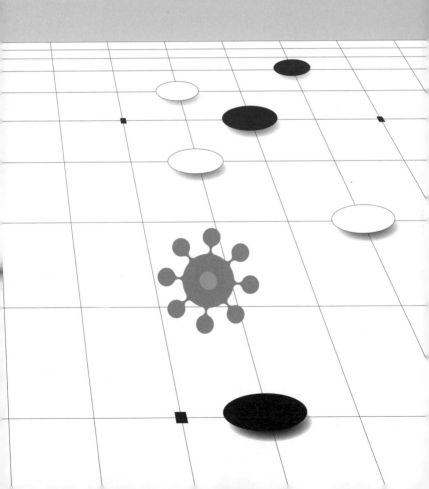

바이러스 시대의 한복판에서
우리는 깨닫는다.
우리의 삶이 서로 연결되어 있듯이
당신의 건강은 곧 나의 건강이라는 것.

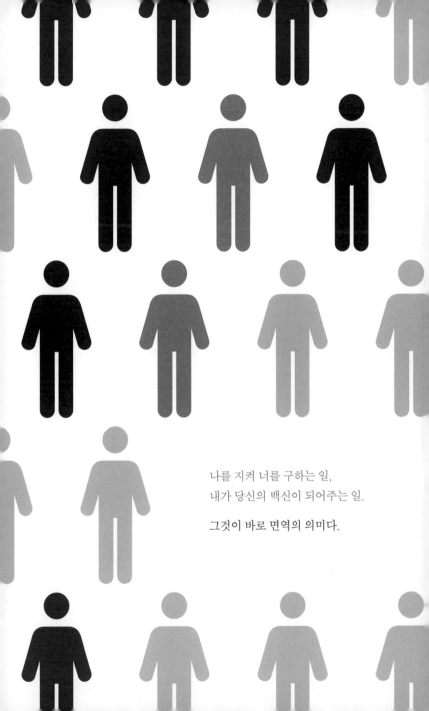

나를 지켜 너를 구하는 일,
내가 당신의 백신이 되어주는 일.

그것이 바로 면역의 의미다.

보이지 않는 전쟁의 한복판에서

나는 바이러스 면역학자다. 풀어서 설명하면 우리 몸이 바이러스에 감염되었을 때 어떤 면역반응을 보이는지, 그리고 바이러스 감염에 저항하는 면역 시스템은 어떻게 조절할 수 있는지 등을 연구하는 사람이다.

여러 과학 분야 중에서도 건강과 관련된 과학만큼 관심과 오해를 많이 받는 분야도 없는 것 같다. 개개인의 하루하루 삶과 밀접한 관련이 있기 때문일 것이다. 그리고 그중에서도 '면역'만큼 많은 오해를 받는 분야 또한 없을 듯하다.

문제는 이런 오해가 단지 오해로만 끝나는 것이 아니

라 잘못된 소비와 생활 습관으로 이어진다는 것이다. 그런 이유로 오래전부터 대중을 위해 면역에 관한 책을 써야겠다고 생각해왔다. 하지만 늘 바쁜 연구 일정 탓에 마음만 먹을 뿐 책을 쓰는 행동으로까지 나아가지 못했다.

그러던 차에 코로나19 팬데믹이 전 세계를 덮쳤다. 의학자들의 시각에서 볼 때, 신종 바이러스가 출현하면 두 가지 학문 분야의 역할이 중요해진다. 바로 바이러스학과 면역학이다.

바이러스학은 바이러스 자체의 특성을 연구하는 학문이고, 면역학은 바이러스와 같은 외부 병원성 미생물이 인체에 침입했을 때 우리 몸속에서 일어나는 방어 작용인 '면역반응'을 연구하는 학문이다. 응용의 면으로만 보자면 바이러스학 연구의 산물이 항바이러스 약물이고, 면역학 연구의 산물은 백신이라고 할 수 있다.

팬데믹 시대, 면역학자의 질문들

실제로 코로나19가 전 지구적으로 번진 2020년 1년 동안 전 세계의 면역학자들은 다음과 같은 질문들에 답을 구하고자 치열하게 연구했다.

'코로나19 바이러스에 감염된 후 면역반응은 잘 작동

하는가?' '회복 후 항체 및 기억 T세포는 얼마나 오래 지속되는가?' '항체 및 T세포 면역반응은 바이러스 돌연변이에 의해 쉽게 무력화되는가?' '코로나19 바이러스 감염 후 왜 사람마다 무증상, 경증, 중증과 같은 다양한 양상을 보이는가?'

나도 바이러스 면역학자로서 위의 질문들에 대한 답을 구하기 위해 지난 1년 동안 그 어느 때보다 바쁜 시간을 보냈다. 그리고 바이러스와 면역에 대한 대중의 관심이 가장 높아진 지금이 곧 대중을 위한 면역 이야기를 쓰기에 가장 좋은 시기라는 생각에 이르렀다.

면역학자인 대학교수가 면역 이야기를 썼다고 하니, 아마도 단순히 면역학을 쉽게 풀어 쓴 교양 과학서라고 생각할 수도 있다. 물론 바이러스가 어떻게 우리 몸을 아프게 하고 면역반응은 어떤 원리로 우리 몸을 지키는지에 대한 이야기도 쉽게 풀어 썼다.

하지만 그 이상의 이야기를 함께 나누고 싶었다. 신종 바이러스를 잘 이해하고 면역에 대해 제대로 아는 것도 중요하지만, 그런 이야기가 내 삶에 미치는 영향과 우리 사회에 주는 함의를 고민해보고, 이를 독자들과 다 같이 공유하고자 했다.

바이러스 · 백신 · 면역 세 가지 키워드로 읽는 세상

이 책에서는 크게 바이러스 · 백신 · 면역 이렇게 세 가지 키워드를 다룬다. 코로나19 시대에 가장 큰 문제로 주목받고 있는 바이러스란 무엇인지, 이런 바이러스에 대항해 인류가 개발한 가장 강력한 무기인 백신은 어떤 역사를 거쳐왔는지 되짚어봤다. 그리고 면역의 작동 원리를 바탕으로 다양한 생각거리 또한 제시했다.

특히 면역의 가장 중요한 기본 명제인 나와 남의 구분법 및 이에 대한 인식의 변화를 면역학의 역사 속에서 살펴봤다. 이에 더해 면역 네트워크의 개념을 바탕으로 한 항체 신약 개발 이야기도 다뤘다. 마지막으로는 시민들이 면역 및 과학에 대해 앞으로 어떤 시각을 가져야 할지 이야기했다.

이런 논의들을 바탕으로 면역이라는 주제에 대한 사회적인 함의도 생각해봤다. 특히 코로나19 시대에 면역이 내 몸 안에서뿐만 아니라 우리 사회에서 어떤 의미를 지니는지 함께 고민해보기를 바랐다. 나와 남을 구분하는 것에서 더 나아가 우리 모두 함께 공존할 수 있는 방법을 면역의 원리에서 찾아본 것이다. 이는 코로나19로부터 인류가 얻은 교훈이기도 하다.

팬데믹을 함께 이겨내는 과학적 방법

이 책을 통해 부디 독자들이 '면역'을 올바르게 이해하고, 그 함의를 생각하는 기회를 가져보기를 바란다. 그리고 면역에 대한 올바른 이해가 합리적인 행동으로 이어지기를 바란다.

2020년 초 코로나19가 유행하기 시작할 무렵에는 바이러스 면역학자인 나조차도 팬데믹이 이토록 오래 갈지는 미처 예상하지 못했다. 아니, 이성적인 과학자로서는 장기간의 유행을 예상했을지 몰라도 한 인간으로서는 희망을 버리지 않았다는 표현이 더 솔직한 심정일 것이다.

코로나19 팬데믹은 이 시대를 사는 모두의 삶에 크든 작든 영향을 주고 있다. 아마 몇 세기 후에 쓰일 세계사에서도 인류사의 큰 사건으로 기록될 것이다. 그리고 이 시대를 살았던 사람들의 개인사의 관점에서도, 아마 각자 일생에 경험한 주요 사건에서 빠질 수 없을 것이다.

이런 어려운 시기를 함께 헤쳐나가고 있는 모든 사람들에게 '언젠가는 끝이 있다. 우리 함께 이겨내자!'라는 말을 건네고 싶다. 그리고 극복 방향을 결정하는 권한을 가진 사람들에게는 '과학을 기반으로 한 합리적인 선택'이 중요함을 강조하고 싶다.

이 책의 기획부터 시작해 집필까지의 과정에서 많은 조언을 아끼지 않은 21세기북스 윤홍 팀장에게 감사를 드린다. 내 생각을 유연하게 하고 책의 방향을 새롭게 정하는 데 큰 도움이 되었다.

늘 바쁘다는 이유로 충분한 시간을 함께하지 못하는 아내와 두 아들 동인, 동연에게도 감사의 말을 전한다. 이번 책으로 이유가 하나 더 늘어났던 셈이니 미안하기도 하다. 그리고 우리 삶의 방향을 이끄시는 하나님께 감사드린다.

코로나19 팬데믹이 끝난 후, 마스크 없이 독자분들과 함께 모여 웃고 떠들며 '면역'에 대한 잡담을 나누는 상상을 하며 글을 맺는다.

2021년 3월
신의철

차 례

1강 ✕

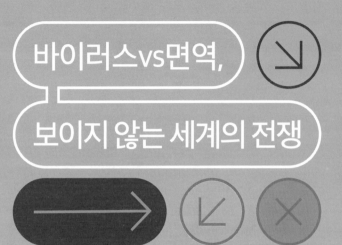

영화에서만 보던 일이
전 세계 모든 사람에게 일어났다.
나와 내 가족이
바이러스에 감염된다면?
상상은 이제 현실이 되었다.

우리 몸속에서 시작된 전쟁

'면역'이라는 말을 한 번도 들어보지 않은 사람은 아마 없을 것이다. 우리는 대부분의 경우 면역을 건강과 직결된 문제로 인식하고, 삶을 지속하도록 도와주는 고마운 존재로 받아들인다. 그러나 면역의 중요성을 표면적으로만 알 뿐, 그 안에 담긴 진짜 의미는 모르거나 오해하고 있는 경우도 상당히 많다.

코로나19COVID-19로 전 세계가 위험에 처한 오늘날, 면역에 대한 관심은 더욱 높아졌다. 하지만 여기에 어떤 과학적 사실들이 숨겨져 있는지에 대해서는 여전히 접할 기회가 많지 않다. 단언하자면, 면역이란 우리가 알고 있는 것과는 다른 차원으로 접근해야 한다.

카이스트에서 면역학을 연구하고 가르치는 학자이자 교수로서, 또 코로나19 백신 개발에 참여하고 있는 연구자로서 이제부터 우리가 알고 있는 면역에 대한 오해와 진실을 밝히려 한다. 대부분의 이야기는 학술적 관점에서 시작할 테지만, 우리가 이를 어떻게 받아들이고 되새김할 수 있을지를 생각하며 사회적 시선으로까지 그 영역을 확장하려 한다.

'면역'하면 무엇이 떠오르는가? 아마 대부분 다음과 같이 설명할 것이다. 우리 몸에 병을 일으키는 외부의 병원성 미생물, 즉 바이러스나 세균 또는 곰팡이가 침투했을 때 여기에 대항하는 몸속의 시스템이라고 말이다.

그리고 건강한 사람이라면 이런 시스템의 존재를 의심하지 않는다. 바이러스나 세균과 같은 병원성 미생물들은 지금 이 순간에도 내 몸속으로 들어오고 있지만, 미처 인식하지 못하는 사이 면역반응immune response을 통해 제거되고 있다. 이런 관점에서 보면 면역이란 만능 해결사와 같다고도 할 수 있다.

따라서 면역을 알기 위해서는 우리 몸의 면역 시스템의 작동을 유발하는 병원성 미생물의 존재를 먼저 이해해야 한다. 싸움에서 이기려면 먼저 적을 알아야 한다고 하지 않는가. 우리의 건강을 위협하는 바이러스란 무엇인지 먼저 살펴보자.

코로나19만 떠올려봐도 알 수 있듯이, 지금까지 인류가 바이러스와 싸워온 역사는 끝없는 전쟁이라는 표현이 무색할 정도다. 과연 인류는 이 전쟁에서 끝내 이길 수 있을까?

바이러스 면역학을 전공하고, 현재는 면역학 연구자로 살아가고 있는 만큼 코로나19가 발생하기 전부터 바이러스를 주제로 한 영화를 비교적 많이 챙겨보는 편이었다. 그중 2011년에 개봉한 〈컨테이젼Contagion〉은 코로나19를 예견하기라도 한 듯, 오늘날 굉장히 공감 가는 영화다. 또 그보다 훨씬 전인 1995년에 개봉한 〈아웃브레이크Outbreak〉는 에볼라 바이러스Ebola virus가 미국 사회에서 유행한다는 설정을 기반으로 만든 영화다. 물론 세세하게 따져보면 과학자의 입장에서 납득할 수 없는 부분도 있지만, 보는 관객들로 하여금 현실에서 이런 재난이 닥치는 상상을 하도록 하기에는 충분하다.

그러나 영화 속 상상으로만 존재할 것 같았던 상황은 이제 현실이 되었다. 바이러스를 연구하는 과학자로서 신종 바이러스의 출현을 어느 정도 예측하고 있었던 것은 사실이다. 그러나 전 세계를 잠식시킬 정도의 이토록 강한 바이러스가 나타나는 상황은 생각하지 못했다. 아니, 생각하고 싶지 않았다고 하는 것이 더 적절한 표현일 것이다.

하지만 영화에서만 보던 일이 바로 지금 동시대를 살고 있는 전 세계 모든 사람들에게 일어났다. 내가 사는 도시에 바이러스가 퍼지면 어떻게 될까? 내 옆집 사람이 감염되면 어떻게 될까? 상상은 이제 현실이 되었다.

그렇다면 코로나19를 잘 극복한 후에는 괜찮아질까? 이런 사건이 이번 한 번으로 그칠까? 그에 대해 바이러스 면역학자로서 할 수 있는 대답은 그렇지 않다는 것이다. 그러나 실망할 필요는 없다. 미래에 대한 답은 현재에 있기 때문이다. 이제부터 그 답을 함께 찾아가 보자.

우리는 코로나를 만난 적이 있다

코로나19가 대유행하는 상황에 발맞춰 미국의 존스홉킨스대학교의 코로나 바이러스 리소스 센터에서는 국가별

국가별 코로나19 발생 현황을 보여주는 세계지도

및 전 세계적 발생자 현황을 실시간으로 집계한 세계지도를 제공하고 있다. 이 자료에 따르면 2021년 3월 현재까지 전 세계적으로 1억 명 이상 감염이 되었고 그중 260만 명 이상이 사망했다.

너무 큰 단위의 수치라 얼핏 감이 안 올 수 있지만, 지금까지 역사적으로 전 세계에 이토록 많은 사망자를 기록한 단일 재난은 거의 없다. 코로나19가 세계대전에 버금

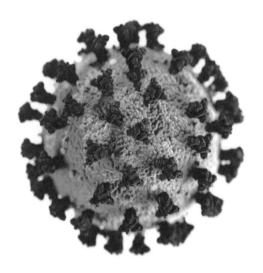

왕관 모양의 코로나 바이러스 모식도

가는, 어쩌면 그보다도 더 많은 사람들의 생명을 앗아가고 있는 전 지구적 재난인 것만은 분명하다.

코로나19를 비롯한 코로나 바이러스coronavirus들을 전자현미경으로 보면 입자 표면에 뭉툭하게 튀어나온 돌기들을 관찰할 수 있다. 코로나 바이러스의 명칭 자체도 이 돌기의 모양이 마치 왕관 같다고 해서 왕관을 의미하는 라틴어 코로나corōna에서 따와 붙인 것이다.

사실 의학의 역사에서 코로나 바이러스는 그리 유명

한 바이러스가 아니었다. 2000년대 초반까지만 하더라도, 코로나 바이러스는 사람에게 감기를 일으키는 바이러스의 한 가지 정도로만 알려져 있었다.

감기는 우리가 가장 흔하게 앓는 바이러스 질병이지만 대부분 며칠을 앓으면 저절로 회복되기 때문에 가볍게 여긴다. 감기는 한 가지 바이러스에 의해서만 일어나는 것이 아니고 여러 가지 바이러스가 원인이 되어 발생하는데, 그중의 하나가 감기 코로나 바이러스인 것이다.

따라서 2003년 전까지만 하더라도 코로나 바이러스는 치료제를 개발할 필요도 없었고 백신 개발 연구도 그리 깊이 이뤄진 적이 없었다. 생명에 치명적인 영향을 주지 않았기 때문이다.

그런 코로나 바이러스가 갑자기 관심을 받게 된 것은 2003년 세계적으로 유행했던 사스severe acute respiratory syndrome, SARS 때문이었다. 중증급성호흡기증후군이라는 명칭답게 폐렴과 호흡부전을 일으켜 상당한 치사율을 기록했는데, 9개월에 걸쳐 세계적으로 확산되어 8200여 명이 확진되고 770여 명이 사망한 후 비로소 종식되었다. 추후 연구를 통해, 사스 바이러스SARS-CoV-1는 야생 박쥐가 자연 숙주이며 사향고양이가 중간 숙주 역할을 해 인간에게 감염된 사실이 밝혀졌다.

그리고 10년이 지난 2012년 또 다른 코로나 바이러스인 메르스Middle East respiratory syndrome, MERS가 중동에서 출현했다. 낙타를 통해 인간에게 옮겨진 것으로 확인된 메르스 바이러스MERS-CoV는 2015년 한국에서 유행을 일으키며 우리 사회 전체를 긴장시켰다.

그리고 2019년 12월, 중국 우한에서 새롭게 보고된 것이 지금 유행하고 있는 코로나19 바이러스SARS-CoV-2다. 이름값을 하듯 코로나19 바이러스는 악독한 왕처럼 군림하며 전 세계 사람들을 공포로 몰아넣고 있지만, 이와 더불어 전례가 없을 만큼 백신이 신속히 개발되어 접종이 진행되고 있다.

워낙 급박한 상황인 만큼 한편에서는 아직 확정되지 않은 내용의 뉴스와 논문도 쏟아져 나오므로, 언론의 보도라 하더라도 무분별하게 받아들이지 않고 선별적으로 접근하려는 자세가 필요하다.

최근 영국발 또는 남아공발 변이 바이러스가 백신을 무용지물로 만들지도 모른다는 언론 보도 또한 확실한 결론이 나오기 전까지는 조금 더 침착하게 받아들일 필요가 있다.

몸속에 들어온 독을 없애다

코로나19 바이러스의 출현으로, 뉴스 보도를 통해 한 번쯤 면역반응의 원리를 들어본 적이 있을 것이다. 이때 함께 나오는 말이 항체antibody의 생성 유무, 그중에서도 중화항체neutralizing antibody에 대한 이야기다. 과연 항체란 무엇일까?

앞서 말했듯이 코로나 바이러스의 입자 표면에는 돌기가 튀어나와 있는데 이를 스파이크 단백질spike protein이라고 한다. 이 스파이크 단백질이 바로 바이러스 감염에서 중추적인 역할을 한다.

그렇다면 어떻게 바이러스에 감염될까? 바이러스는 단순히 몸에 유입되었다고 해서 바로 감염이 성립되는 것이 아니다. 몸속 세포 안으로 침투했을 때, 비로소 감염이 일어나고 바이러스는 그 세포 안에서 증식을 하게 된다. 그러므로 몸에 들어왔다 하더라도 세포 안으로 침입하지 못하면 증식은 이뤄지지 않는다.

바이러스가 세포 안으로 침투하는 것도 쉽게 일어나는 일이 아니다. 세포 표면의 특정 단백질과 바이러스 표면 단백질이 서로 알맞게 딱 붙어야만 가능한 일이기 때문이다. 이때 스파이크 단백질이 굉장히 중요한 역할을 한다.

코로나19 바이러스의 경우, 바이러스 표면의 스파이크 단백질이 세포 표면의 안지오텐신전환효소2angiotensin-converting enzyme 2, ACE2(이하 ACE2)에 손을 잡듯이 딱 맞게 결합할 때만 세포 안으로 침입이 가능하다. 본래 체내 수분과 혈압 조절에 관여하는 ACE2 단백질을 코로나19 바이러스가 수용체로 이용하는 것이다. 코로나19 바이러스 입장에서 ACE2 단백질은 자손 바이러스를 증식하기 위해 세포 안으로 침입하는 첫 단계에서 가장 중요한 단백질이 되는 것이다.

항체는 바이러스에 감염된 사람이 감염으로부터 회복했을 경우 몸 안에서 자연스럽게 생성되며, 또 백신 접종을 통해 생성시킬 수도 있다. 항체란 면역 단백질의 일종으로 코로나19 바이러스에 대한 항체의 경우 스파이크 단백질과 결합해 세포 표면의 ACE2 단백질과 결합하지 못하도록 방해하는 역할을 할 수 있다. 항체 때문에 바이러스는 더 이상 세포 안으로 자유롭게 들어갈 수 없는 것이다.

그렇다면 중화항체란 무엇일까? 항체가 바이러스의 세포 침투를 막아줄 수 있다고 했지만, 항체 중에서는 바이러스와 결합은 하면서도 그 역할은 못 하는 경우도 있다. 때문에 항체 중에서도 바이러스가 세포 안으로 침투하는 것을 막아주는 항체를 특별히 중화항체라고 부른다.

즉 코로나19 백신 접종을 통해 우리가 원하는 것은 중화항체를 유도하는 것이다. 바이러스의 어원인 라틴어 비루스vīrus가 독이라는 의미이므로, 이를 무력화하는 항체를 두고 독을 중화시킨다는 의미의 중화항체라고 부르게 된 셈이다.

여기까지 이해했다면 면역학의 근간을 모두 알았다고 할 수 있다. 그리고 코로나19 바이러스뿐만 아니라 모든 바이러스 감염을 막는 데 우리 몸의 면역이 얼마나 중요한지도 새삼 느낄 수 있다. 그러나 중요한 것은 이론보다 실전이다. 바이러스가 몸속에 들어와 작동하는 과정, 그리고 이를 막는 면역반응은 생각보다 간단하지 않다.

변신과 은폐, 바이러스가 살아남는 법

바이러스는 몸속 면역반응을 뚫고 침입하기 위해 여러 가지 방법을 취한다. 그중 대표적인 방법이 바로 변이다. 이

는 코로나19와 관련한 뉴스 보도에서 연일 접하는 말이기
도 하다.

내 몸에 중화항체가 생겼다고 하더라도 바이러스가
변이를 한다면 중화항체가 더 이상 감염을 막지 못할 수
도 있다. 여기에서 변이란 곧 바이러스의 진화를 의미하
기 때문이다. 즉 백신을 맞았다 하더라도 중화항체로부터
도망갈 수 있는 변이 바이러스가 만들어진다면 백신이 무
용지물이 될 수도 있는 것이다.

이처럼 변이가 일어나고, 이들이 몸속 면역 시스템을
뚫고 침입하는 것은 바이러스뿐만 아니라 세균을 포함한
모든 병원성 미생물이 지니고 있는 공통된 특징이다. 그리
고 바이러스 중에서도 DNA를 유전자로 사용하는 DNA
바이러스보다 RNA를 유전자로 사용하는 RNA 바이러스
의 경우 변이가 더욱 활발하다. DNA와 달리 RNA의 경
우에는 유전자를 복제할 때 오류를 교정하는 기능이 없기
때문이다.

이때 유전자 복제 오류는 무작위적으로 일어나기 때
문에 대부분의 오류들은 바이러스 자체의 증식에 오히려
해가 되는 경우가 많다. 그래서 만들어지더라도 지속되지
못하고 사라진다. 하지만 바이러스의 증식에는 큰 해가

되지 않으면서 면역반응을 회피할 수 있는 오류라면 변이 바이러스로서 안정적으로 존재하면서 널리 퍼질 수 있는 조건이 된다. 이것이 바로 돌연변이와 자연선택으로 대표되는 진화의 과정이다.

바이러스들 중에 변이가 가장 빠른 것으로는 흔히 에이즈라고 불리는 후천성면역결핍증acquired immune deficiency syndrome, AIDS의 원인인 인간면역결핍 바이러스human immu-nodeficiency virus, HIV(이하 HIV)와 C형 간염hepatitis C을 일으키는 C형 간염 바이러스hepatitis C virus, HCV(이하 HCV)가 있다. 너무 빠른 변이 속도 때문에 HIV와 HCV의 백신은 아직까지도 개발되지 못한 상태다.

다만 두 가지 바이러스 모두 백신은 아니지만, 효과가 좋은 항바이러스 약물들이 개발되어 과거만큼의 공포를 주지는 않는다. 이와 관련해 2020년 노벨 생리 · 의학상이 C형 간염에 대한 연구에 돌아간 것은 감염성 질환에 대항한 인류의 노력이 끊임없이 지속되고 있고, 또 이런 싸움에서 인류가 승리할 수 있다는 것을 보여주는 예다. 이외에도 독감을 일으키는 인플루엔자 바이러스influenza virus 또한 변이의 정도가 크다.

다행인 것은 이들 바이러스와 비교해본다면, 코로나

19 바이러스의 변이 능력은 그리 크다고 할 정도는 아니라는 점이다.

바이러스가 몸속 면역반응으로부터 도망가는 또 하나의 방법은 잠복이다. 잠복이라고 하면 흔히 형사가 범인을 잡기 위해 조용히 숨어서 감시하는 장면이나, 전쟁에서 적군의 눈에 띄지 않게 숲속에 웅크려 있는 모습을 떠올릴 것이다. 이 둘의 공통점은 바로 나를 숨긴다는 것이다. 상대에게 내 존재를 들키지 않는 것이 잠복의 기본이다.

실제로 바이러스 중에는 이런 방식을 통해 면역반응으로부터 도망 다니는 바이러스가 있다. 단순포진 바이러스라고 불리는 헤르페스 바이러스herpes simplex virus가 대표적으로, 과로하거나 피곤할 때 입술 주위에 물집이 생기는 증상을 보인다.

이들은 며칠이 지나면 사라진 듯 보이지만 사실 내 몸에서 완전히 없어진 것이 아니다. 평소 헤르페스 바이러스는 신경절이라는 곳에서 조용히 존재한다. 바이러스가 왕성히 증식하면서 활동하는 것이 아니므로, 면역계는 헤르페스 바이러스의 존재를 눈치채지 못한다. 그러다 면역 시스템이 일시적으로 약화되었을 때 활발히 증식하면서 물집으로 나타난다.

헤르페스 바이러스의 친척 바이러스인 수두-대상포
진 바이러스varicella-zoster virus는 명칭 그대로 대상포진을 일
으키는 바이러스다. 과거에는 주로 노년층이 많이 걸렸던
만큼 노인의 질병이라고 불렀지만, 최근에는 젊은 층에서
도 폭넓게 발생하고 있다.

등 같은 곳에 띠 모양의 포진을 일으킨다고 해서 띠 대帶
자를 쓴 대상포진이라 부르며, 사람을 사망에 이르게 하
지는 않지만 통증의 정도가 상당하고 대상포진 후 신경통
postherpetic neuralgia이라고 해서 회복 후에도 심한 통증을 지속
적으로 겪기도 한다. 최근에는 이를 예방하기 위해 백신
을 권장하기도 한다.

그렇다면 대상포진을 일으키는 바이러스는 언제 몸속
에 처음 들어온 것일까? 30~40대 이상의 성인이라면 아
마도 어릴 적 한 번쯤 수두를 앓아본 경험이 있을 것이다.
작은 물집이 전신에 일어나다가 일주일에서 열흘이면 호
전되는데, 바로 이 수두를 일으키는 바이러스가 대상포진
을 일으키는 바이러스와 동일한 수두-대상포진 바이러스
다. 수십 년 동안 몸속에 잠복해 있다가 일생에 한두 번 면
역이 상당히 약화되었을 때 대상포진의 형태로 나타난다.
이처럼 바이러스는 면역 시스템이 아무리 훌륭히 작동한

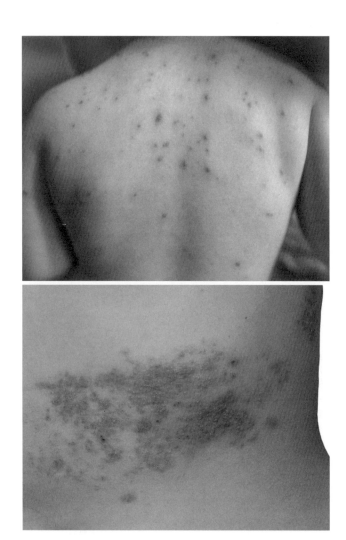

잠복을 하여 면역반응을 회피하는 수두 – 대상포진 바이러스의 병변

다고 하더라도 변이하거나 잠복하며 몸속 여기저기를 도망 다닌다.

인류는 이 전쟁에서 이길 수 있을까

인플루엔자 바이러스는 특히 변이의 정도에서 특징적이다. 한마디로 변이가 크게 나타나는 대변이大變異를 일으킨다고 표현할 수 있다. 코로나19가 발생하기 전까지만 하더라도 호흡기를 통해 감염되는 바이러스를 이야기하면, 대부분의 경우 독감을 일으키는 인플루엔자 바이러스를 떠올렸다.

여기에서 독감과 감기common cold는 전혀 다른 질병이라는 점을 강조하고 싶다. 감기를 일으키는 대표적인 바이러스로는 리노 바이러스rhinovirus, 아데노 바이러스adenovirus, 앞서 말한 감기 코로나 바이러스 등이 있다. 반면 독감을 일으키는 바이러스는 인플루엔자 바이러스 하나다.

한 가지 특징적인 것은 독감과 다르게 감기에는 아직 백신이 없다는 점이다. 감기를 일으키는 바이러스는 200여 개가 넘을 정도여서 한두 가지 백신으로는 예방하기 어렵다. 여기에 감기가 환자의 목숨을 위협하는 중증 질환은 아닌 만큼, 개발에 대한 수요가 적었을 것이라는 점도 이유라 할 수 있다.

이에 비해 독감은 노년층의 경우 사망에 이르게 할 정도의 심각한 감염성 질환이다. 때문에 매년 국가적으로 독감 백신을 생산하고, 영유아 및 노년층을 대상으로는 무료 접종을 시행하고 있다.

이쯤에서 한 가지 의문이 들 것이다. 국가에서 필수로 지정한 영유아 예방접종의 경우 일생에 한 번 맞는 백신들이 많은데, 독감은 왜 매년 백신을 맞아야 하는 것일까? 이 둘 사이에는 어떤 차이가 있는 것일까? 그 이유가 바로 인플루엔자 바이러스의 대변이 때문이다.

인플루엔자 바이러스의 대변이는 RNA 유전자가 여덟 개의 분절로 구성되어 있다는 점에서 기인한다. 인플루엔자는 사람뿐만 아니라 새나 돼지도 감염되는 바이러스다. 따라서 사람의 인플루엔자 바이러스, 새나 돼지의 인플루엔자 바이러스는 모두 서로 다른 RNA 유전자를 가지고 있다. 돼지 인플루엔자 바이러스의 유전자는 붉은색, 사람 인플루엔자 바이러스의 유전자는 회색, 조류 인플루엔자 바이러스의 유전자는 검정색으로 표현한 모식도를 보자.

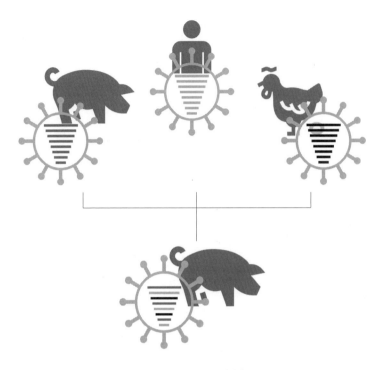

인플루엔자 바이러스의 대변이

여기에서 인플루엔자 바이러스의 RNA 유전자가 한 가닥이 아니라 여덟 가닥의 분절로 구성되어 있다는 점이 큰 의미를 가진다. 유전자가 한 가닥이 아닌 여덟 분절로 나뉘어 있다는 것은 사람, 새, 돼지의 인플루엔자 바이러스 유전자가 분절을 단위로 서로 섞일 수 있다는 것을 의미한다. 다른 바이러스들의 경우 유전자의 변화가 조금씩 일어나는 반면, 인플루엔자 바이러스는 유전자가 8분의 1, 8분의 2와 같이 큰 단위로 변화할 수 있다는 이야기다.

유전자가 자그마치 8분의 1이 바뀐 인플루엔자 바이러스는 이전과는 전혀 다른 바이러스일 수밖에 없다. 문제는 이렇게 생긴 신종 인플루엔자 바이러스가 사람에 감염을 일으킬 경우, 이전에는 접해보지 못한 바이러스인 만큼 몸속 면역 시스템은 대응에 취약할 수밖에 없다는 점이다. 결국 걷잡을 수 없는 유행이 일어날 수도 있다.

독감 백신은 매년 세계보건기구의 예측을 통해 범세계적인 시스템하에 생산된다. 우리나라와 같이 북반구에 위치하는 나라에서는 남반구의 독감 유행을 바탕으로 북반구에서 유행할 유형을 유추하는데, 이를 바탕으로 매년 2월에 어떤 인플루엔자 바이러스로 백신을 만들지를 결정한다. 이러다 보니 작년과 올해의 독감 백신은 다르게 된다.

어디까지나 예측이기에 실제 유행한 인플루엔자 바이러스와 일치하지 않는 '백신 불일치vaccine mismatch'의 사태가 발생하기도 하며, 그런 해에는 독감 환자가 대거 발생하기도 한다. 결국 인플루엔자 바이러스가 계속 대변이를 일으키는 한 인류는 이제껏 경험하지 못했던 새로운 독감을 계속해서 경험할 수밖에 없다.

이처럼 바이러스는 면역 시스템에 대항해 살아남기 위해 변이와 잠복이라는 두 가지 전략을 사용한다. 그리고 이런 전략이 가능한 이유는 바이러스가 유전자를 가지고 진화를 하는 존재이기 때문이다. 백신 개발을 통해 바이러스에 대응하려는 우리의 노력과 마찬가지로 바이러스는 살아남기 위해 지금도 계속해서 자신을 바꾸고 숨기고 있다.

그렇다면 신종 바이러스에 대항하는 우리는 어떤 전략을 가져야 할까? 끝없이 진화하는 바이러스를 없애기 위해서는 어떤 노력이 필요할까? 우리는 바이러스와의 전쟁에서 이길 수 있을까? 신종 바이러스와의 전쟁에서 완승을 거둘 수 없다면, 인류에게 피해를 최소화하는 방식으로 공존할 수는 있을까?

내 몸속에서 조용하게 벌어지던 바이러스와의 전쟁이 코로나19를 시작으로 세계대전으로 번졌다. 우리는 이미 지금까지와는 전혀 다른 시대의 문턱에 발을 딛고 서 있

다. 새로운 시대에 걸맞은 새로운 사고를 위해, 앞으로는
이 문제들에 대해 조금 더 폭넓은 시각으로 함께 접근해
보자.

코로나19를 겪으며 경험했듯이, 바이러스는
살아남기 위해 계속해서 변이하고 잠복한다.
우리는 이길 수 없는 전쟁에 뛰어든 것일까?
공존과 승리, 인류는 어떤 결론에 다다를까?

2강 ✕

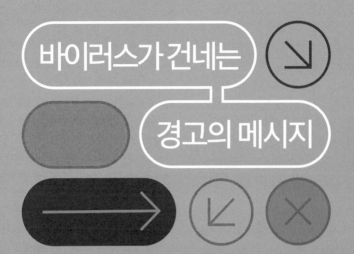

바이러스가 건네는

경고의 메시지

지금 전 세계는
일상을 되찾기 위해
노력하고 있다.
이는 코로나19를 경험한
모든 인류의 책무다.

코로나19는 언제나 있었다

앞서 바이러스와 몸속 면역반응의 작동 원리를 개괄적으로 알아봤다면, 이제부터는 코로나19를 비롯한 신종 바이러스에 대항해 인류가 가져야 할 자세를 고민해보자. 한 개인의 몸을 넘어 전 세계로 시선을 확장해보는 것이다. 그러기에 앞서 최근 25년 동안 수많은 인류의 목숨을 앗아갔던 신종 바이러스들을 살펴보려고 한다. 역사는 오늘을 살아가는 우리에게 무엇보다 훌륭한 교과서이기 때문이다.

신종 바이러스라고 하면 가장 먼저 떠오르는 것이 앞서 말한 인플루엔자 바이러스다. 과거에 유명했던 홍콩독

감은 1968년에 세계적으로 유행해 100만 명 이상의 사망
자를 기록한 바 있다. 독감을 일으키는 인플루엔자 바이
러스는 설명했던 것처럼 유전자의 대변이를 일으키기 쉽
기 때문에 그 후에도 가끔씩 유행을 하고는 했다.

그리고 우리의 기억에 아직 남아 있는, 소위 신종플루
라고 하는 신종 인플루엔자2009 H1N1는 2009년 미국에서
처음 발생해 세계적인 유행을 일으켰다. 처음 발생했을
때만 하더라도 치명률이 꽤 높은 것으로 알려져 큰 우려
를 자아냈지만, 다행히도 예상했던 정도는 아니었다.

인플루엔자와 관련된 이야기를 하다 보면 빼놓을 수
없는 것이 조류인플루엔자 인체감염human H5N1이다. 1997
년 홍콩에서는 가금류와의 밀접한 접촉을 통해 사람이 조
류인플루엔자에 감염된 사례가 있었다. 이처럼 사람에 전
파된 조류인플루엔자가 사람 간 감염을 쉽게 일으킨다면
지금까지 접하지 못한 새로운 바이러스인 만큼 큰 유행이
우려되기도 했다. 하지만 다행히 사람 간 감염은 쉽게 일
어나지 않았다.

앞서 이야기했던 코로나 바이러스들도 우리의 기억에
생생하다. 2003년에는 사스가 중국 남부에서 시작해 전
세계로 확산되어 유행했었고, 2012년에는 또 다른 코로나

바이러스인 메르스가 중동에서 출현했다. 특히 메르스는 2015년 한국에서 유행을 일으켜 186명이 감염되고 38명이 사망했다.

지금까지 이야기한 인플루엔자 바이러스나 코로나 바이러스가 호흡기로 전파되는 바이러스라면, 곤충과 같은 매개 동물에 의해 전파되는 신종 바이러스들도 있다. 우리나라의 일은 아니었지만 모기에 의해 감염되는 웨스트나일 바이러스West Nile virus는 1999년부터 뉴욕에서 환자가 발생하기 시작해 지금도 미국에서 매년 환자가 발생하고 있다. 모기가 매개하는 만큼 감염 경로를 정확하게 차단하기 어렵기에 호흡기 바이러스와는 또 다른 방식으로 위협적이다.

그리고 2016년 브라질 올림픽을 전후해 유명했던 지카 바이러스Zika virus도 모기로 매개되는 바이러스다. 임신부가 감염되면 태아의 소두증을 유발하는 것으로 알려졌는데, 처음 우려했던 것보다는 무증상 감염으로 넘어가는 일이 빈번하다는 것이 나중에 알려지기도 했다.

매개 동물에 의해 전파되는 신종 바이러스로서 우리에게 더 잘 알려진 것은 흔히 살인 진드기 바이러스라고도 알려진 중증열성혈소판감소증후군 바이러스severe fever with thrombocytopenia syndrome virus, SFTSV다. 2011년 중국에서 처음 발견되었고, 우리나라를 비롯해 중국, 일본 등 동북아시아에서 환자가 발생했다. 감염되면 특히 고령자에서 치명률이 꽤 높은 질환을 유발한다. 이외에도 영화〈아웃브레이크〉의 소재였던 에볼라 바이러스는 1976년 처음 발견된 이후 아프리카에서 종종 발생해 수많은 인명 피해를 발생시키고 있다.

이처럼 신종 바이러스는 25년 전부터 코로나19 바이러스가 발생한 현재까지 꾸준히 발생하고 있다. 이는 기준을 더 과거인 1980년대로 삼는다고 해도 마찬가지다. 그렇다면 '신종'이라 분류하는 정확한 기준이 무엇일까?

**최근 25년 동안의
주요 신종 바이러스들**

조류인플루엔자
인체감염증
(1997)

웨스트 나일
바이러스
(1999)

사스
(2003)

신종 인플루엔자
(2009)

중증혈소판
감소증후군
(2011)

어쩌면 그런 기준은 없는지도 모른다. 신종이라는 말 자체가 상대적이기 때문이다. 그러나 의학사 안에는 신종 바이러스를 구분하는 기점이 된 시기가 있다. 대략 1970년대 초반 이후로, 그때부터 발생한 바이러스들을 신종 바이러스라고 부르게 되었다.

지금으로부터 50년 전을 기준으로 삼아 신종 바이러스를 구분한다고 하니 약간은 의아하겠지만, 이는 의학사 전체를 통해 조망해봐야 하는 문제다. 현대 의학은 과학과 밀접한 관련을 가지며 발전하고 있지만, 과거의 의학은 과학과는 거리가 있었다.

그런 의학이 과학과 본격적으로 만난 계기가 바로 병

메르스
(2012)

메르스
(2015,
한국에서 유행)

지카 바이러스
(2016)

코로나19
(2019)

원성 세균의 발견이었다. 독일의 세균학자 로베르트 코흐 Robert Koch가 1876년에 탄저병anthrax의 원인균인 탄저균을 발견했고, 그 후 각종 감염성 질환의 원인 세균들이 발견되었다. 이때부터 의학을 과학의 언어로 풀어가면서 질병의 완치율도 높아졌다.

치료의 측면에서 발전하게 된 중요한 계기는 바로 항생제의 개발이었다. 1940년대부터 상업화된 페니실린을 필두로 다양하고 효과 좋은 항생제들이 개발된 덕분에 1960년대에는 세균에 의한 감염성 질환들을 효과적으로 치료할 수 있게 되었다.

바이러스 질환의 경우에는 항생제로 치료할 수는 없었지만 백신 개발이 큰 역할을 했다. 소위 소아마비 바이러스라고도 하는 폴리오 바이러스poliovirus 및 홍역measles, 흔히 볼거리라고 부르는 이하선염mumps, 풍진rubella 바이러스들에 대한 효과적인 백신이 개발되어 1950~60년대부터 접종되었고 이를 계기로 이런 바이러스 질환은 획기적으로 감소했다.

이처럼 감염성 질환에 대한 성공은 지나친 낙관을 불러오게 되었다. 낙관이라기보다는 오만이라는 표현이 적절할 만큼, 인류는 감염성 질환만큼은 거의 정복했다는 지나친 자신감에 사로잡힌다. 실제로 1969년 당시 미국 공중보건국장 윌리엄 스튜어트William H. Stewart는 "감염성 질환은 이제 대부분 끝이 보인다"는 말을 했다고 한다. 당시의 시대적 분위기를 상징적으로 엿볼 수 있는 대목이다.

어쩌면 당시의 의학자로서는 당연히 가질 수 있었던 자신감이었을지도 모른다. 그러나 이런 자신감의 시대를 지나 1970년대에 접어든 후에도 새로운 세균이나 바이러스는 계속 출현했다. 결국 이런 역사적 맥락 속에서, 신종 바이러스란 1970년대 초반 이후 새롭게 출현한 바이러스를 지칭하게 되었다.

신종 바이러스 덕분에 얻은 것

1970년대 이후에 출현한 신종 바이러스들 중에서 사회적인 파장을 가장 크게 일으킨 바이러스는 에이즈를 일으키는 HIV였다. 1981년 미국 질병통제예방센터는 특이한 환자들의 사례를 보고했다. 환자들은 모두 폐포자충pneumocystis이라는 희귀한 진균에 의한 폐렴에 걸렸는데, 이들은 동성애자 남성이라는 공통점도 가지고 있었다.

폐포자충은 보통 건강한 사람들에게는 아무 문제를 일으키지 않지만 면역이 극도로 저하된 사람에게서만 폐렴을 일으키기 때문에, 의학자들은 이 환자들이 새로운 종류의 면역결핍질환에 걸린 것으로 생각했다. 실제로 이 환자들은 폐포자충 이외에도 면역이 극도로 저하되었을 때만 문제를 일으키는 다른 바이러스나 세균 감염도 가지고 있었다.

문제는 1980년대 초반 이런 환자들의 수가 급격히 늘고 있었다는 점이었다. 이 새로운 질병은 후천성면역결핍증이라고 명명되었고, 아마도 이를 일으키는 새로운 바이러스가 있을 것으로 추정되었다.

새로운 바이러스를 찾기 위한 노력이 시작된 후 1983년, 프랑스 파스퇴르연구소의 뤼크 몽타니에Luc Montagnier 박사와 프랑수아즈 바레시누시Françoise Barré-Sinoussi 박사 연구팀은 마침내 이 바이러스를 발견하는 데 성공했고, 이는 나중에 인간면역결핍 바이러스, 줄여서 HIV로 이름 붙여졌다. 그에 대한 공로로 이들에게는 2008년 노벨 생리·의학상이 돌아갔다.

이 당시 후천성면역결핍증이 미국이나 유럽 사회에 미친 파장은 매우 컸다. 물론 코로나19처럼 호흡기를 통해 빠르게 전파되는 질병이 아니기 때문에 봉쇄나 사회적 격리 같은 일은 벌어지지 않았다. 그리고 바이러스에 감염되더라도 수년간에 걸쳐 병이 서서히 악화되면서 사망에 이른다는 점도 코로나19 같은 급성 질환과는 다른 면이었다.

하지만 성관계나 수혈을 통해 전파되고 어떤 치료제나 백신도 존재하지 않는다는 점은 사회적으로 큰 공포를 불러일으켰다. 대중적으로 잘 알려진 스타들 중에서도 후천성면역결핍증으로 사망하는 사례들이 선정적으로 보도되면서 사람들이 느끼는 공포는 극대화되었다. 피부암의 일종으로 후천성면역결핍증 환자들에게서 잘 생기는 카포시 육종Kaposi's sarcoma의 피부 병변 사진들은 당시 후천성면역결핍증을 상징하는 아이콘처럼 여겨졌다.

그 후 HIV의 복제를 효과적으로 억제하는 항바이러스 약물들이 개발되어 이제는 HIV에 감염되더라도 더 이상 후천성면역결핍증으로 발전하지 않고 건강하게 살 수 있게 되었다. 이런 약물들은 환자를 HIV 감염으로부터 완치시키지는 못하지만 약물을 지속적으로 복용함으로써 비감염자와 다를 바 없는 삶을 살 수 있게 한다.

이처럼 1980년대에 새롭게 등장해 큰 사회적 불안과

파장을 야기했던 후천성면역결핍증은 인류에게 단지 나쁜 기억으로 남는 한 시대의 재앙일 뿐이었을까? 결과적으로 보면 꼭 그렇지는 않았다. 재앙과도 같았던 HIV라는 신종 바이러스가 긍정적인 결과도 가져왔기 때문이다. 역설적이기는 하지만 사실이 그랬다. 그럼 HIV라는 신종 바이러스 때문에 인류가 얻은 소득은 무엇이었을까?

첫 번째 소득은 감염성 질환에 대한 인류의 지나친 자신감에 어느 정도 제동을 거는 계기가 된 것이었다. HIV 그리고 이것이 일으키는 후천성면역결핍증이라는 신종 질환의 경험 때문에 인류는 신종 바이러스라는 것이 언제든 출현할 수 있고, 또 신종 바이러스가 세계를 뒤흔들 만한 파급력이 있다는 사실을 자각하게 되었다.

이런 영향은 의학이나 과학의 측면에서만이 아니라, 영화나 소설 같은 문화의 영역에서도 나타났다. 실제로 후천성면역결핍증을 소재로 한 영화들이 만들어지고 아카데미상을 받기도 했으니 말이다.

두 번째 소득은 예기치 않았던 것이었지만 매우 중요한 것이었다. HIV는 몸속에 들어오면 T세포, 그중에서도 CD4 T세포라는 면역세포로 들어가 증식을 한다. 그 결과 CD4 T세포는 파괴되어 그 숫자가 감소한다. 우리 면역 시스템에서 CD4 T세포는 도움 T세포라 불릴 정도로 면역반응에서 사령관 같은 중요한 역할을 하는데, HIV 감염으로 이것이 없어지면 후천성면역결핍증이 생기는 것이다. 그런데 1980년대에는 T세포에 대한 이해가 아직 부족했다.

그런 상황에서 HIV 및 이에 의한 후천성면역결핍증이 유행을 하니 자연스럽게 T세포에 대한 과학자들의 관심이 급증했고, 그에 대한 연구 또한 매우 활발해졌다. 결과적으로 보자면, HIV 때문에 T세포 면역학이 급격히 발전하게 된 셈이었다. 이는 현대 의학에서 HIV뿐만 아니라 다른 질병을 이해하고 치료하는 데도 획기적인 발전을 가져오게 했다.

이처럼 1980년대의 HIV와 후천성면역결핍증의 예를 통해 인류는 신종 바이러스 덕분에 얻은 것 또한 있음을 알 수 있다. 감염성 질환에 대한 인류의 지나친 자신감을 조금은 제어하게 되었으며 신종 바이러스를 연구하면서 의학과 과학도 한 단계 더 발전하게 된 것이다. 요약하자면 사회의 각성과 과학의 발전이라고 할 수 있다. 지금 우리가 겪고 있는 코로나19는 인류에게 결과적으로 어떤 영향과 파급을 미칠까?

바이러스 앞에 절대 진리는 없다

신종 바이러스가 언제든 나타날 수 있는 것이라면, 코로나19도 전혀 새로울 것이 없다. 그리고 이 점은 코로나19를 경험하는 전 세계가 느끼는 또 다른 공포이기도 하다. 어쩌면 현재 우리는 1970년대에 인류가 감염성 질환 앞에서 가졌던 오만함처럼 급성장한 문명을 앞세워 자만에 빠져 있었을지도 모른다.

물론 코로나19를 겪으며, 발달된 IT 기술 덕분에 언택트untact라는 새로운 삶의 방식을 마련한 것도 사실이고, 그 결과 일상생활을 어느 정도 유지하며 산업 전반이 쇠퇴하는 것도 막을 수 있었다.

그러나 한 가지 분명한 사실은 이토록 작은 바이러스로도 인류가 이룩한 거대한 발전은 모두 무력화될 수 있다는 것이다. 언택트 시대를 살며 국가 간에는 빗장이 걸렸고, 그 결과 사회 문화는 위축되었다. 우리는 다시 겸손해져야 한다. 거대한 자연 앞에서 부족함을 인정하고 함께 어우러지려는 자세를 갖추는 것이야말로 앞으로의 미래를 담보하기 위한 인류의 마음가짐이다.

의학사에는 감염성 질환에 대한 지나친 자신감을 내

려놓은 결과, 위대한 성취를 이뤄낸 사례가 있다. 바로 도 그마dogma를 깨고 노벨상을 수상한 과학자들의 이야기다. 호주의 미생물학자 배리 마셜Barry Marshall과 병리학자 로빈 워런Robin Warren은 위염의 원인이 되는 헬리코박터 파일로 리Helicobacter pylori 균의 발견으로 2005년 노벨 생리·의학상 을 수상했다.

이들이 헬리코박터 파일로리 균을 발견하기 전까지만 해도 위에 세균이 살 것이라는 생각은 어느 누구도 하지 못했다. 위액 속 위산은 기본적으로 염산이기에 모든 세 균을 죽일 만큼의 높은 산성을 띠기 때문이다. 따라서 위 와 같이 산도가 높은 생리적 환경에서는 세균이 절대 살 수 없다는 것이 당시 의학계의 정설이었다. 그런 만큼 마 셜이 헬리코박터 파일로리 균을 발견하고 이를 발표했을 때 그 누구도 믿어주지 않았다.

그러나 마셜은 여기에서 포기하지 않고 이를 입증하 고자 스스로를 실험한다. 헬리코박터 파일로리 균 배양액 을 직접 마신 마셜은 자신에게 급성 위염이 발병했다는 것과 이것이 항생제를 통해 치료된다는 사실을 실험을 통 해 증명한다. 결국 여기에서 얻을 수 있는 교훈이란, 절대 적 진리를 가진 지식은 없다는 것이다.

헬리코박터 파일로리 균을 발견한 배리 마셜과 로빈 워런(왼쪽부터)

한편 하랄트 추어하우젠Harald zur Hausen은 인유두종 바이러스human papilloma virus의 발견으로 2008년 노벨 생리·의학상을 받은 독일의 의학자다. 인유두종 바이러스는 여성의 자궁경부에 감염해 자궁경부암을 일으킨다. 요즘에 많이 알려진 자궁경부암 백신은 엄밀히 말하면 인유두종 바이러스의 감염을 예방하는 백신이다. 인유두종 바이러스의 감염을 차단함으로써 궁극적으로 자궁경부암을 예방하는 원리다.

인유두종 바이러스를 발견한 하랄트 추어하우젠

추어하우젠의 연구는 단순히 한 종류의 바이러스를 발견하는 데 그친 것이 아니라 자궁경부암의 원인을 발견한 놀랄 만한 성취였다. 그러나 마셜의 경우와 마찬가지로 추어하우젠이 이를 처음 발표했을 때만 하더라도 인유두종 바이러스가 자궁경부암을 일으킨다는 사실을 누구도 믿지 않았다. 물론 추어하우젠의 연구 결과는 현재 정설이 되었다.

이후 인유두종 바이러스가 자궁경부암뿐만 아니라 두

경부암의 원인이 된다는 사실 또한 추가로 밝혀진다. 여성의 자궁경부암의 원인으로만 알려졌던 인유두종 바이러스가 알고 보니 성별에 상관없는 또 다른 암의 원인이었던 것이다.

두경부란 쉽게 말해 머리와 목을 말하며 두경부암은 구강이나, 인두, 후두에서 발생하는 암을 말한다. 연구에 따르면 두경부암의 약 20퍼센트는 인유두종 바이러스 때문에 발생한다고 한다. 남성이 자궁경부암 백신을 맞을 경우 인유두종 바이러스의 전파를 막을 뿐만 아니라, 인유두종 바이러스에 의한 암 발생률을 감소시키는 효과도 거둘 수 있는 것이다.

위에서 이야기한 두 가지 사례에서 공통적으로 발견할 수 있는 사실은 무엇일까? 바로 인간의 한계를 인정하고 절대적인 지식에 대한 회의를 통해 새로운 과학적 발견을 이뤄냈다는 점이다.

현재 우리는 유례없는 신종 바이러스의 시대를 지나고 있다. 전 세계는 세계대전에 버금가는 인명 피해와 경제 공황을 겪고 있다. 이런 상황에서 미래의 희망을 품는 것이 가능할까? 과연 인류는 코로나19를 종식시킬 수 있을까? 인간의 한계를 인정하고 겸손한 자세에서 다시 시작하는 것, 지금 우리에게 필요한 자세다.

언제가 될지 모르겠지만 코로나19 팬데믹pandemic도 결국 종식될 것이다. 가장 바람직한 시나리오는 향후 1~2년 내에 많은 사람들이 백신을 맞아 코로나19에 대한 집단면역herd immunity이 형성되는 것이다. 그럴 경우 코로나19 팬데믹은 종식될 것이다. 물론 이후에도 지구상에서 코로나19 바이러스는 완전히 없어지지 않을 수 있다. 아마 간간이 환자가 발생할 수도 있다. 하지만 시간이 지나면서 결국 감기처럼 가벼운 질환이 될 가능성이 크다.

그렇다면 이번 팬데믹의 종식 이후에는 어떻게 될까? 10년, 20년, 30년 후에는 신종 바이러스로부터 자유로워질 수 있을까? 코로나19 바이러스와 같은 팬데믹은 더 이상 발생하지 않을까?

이 질문에 대한 답은 이미 모두 알고 있을 것이다. 신종 바이러스는 언젠가 또 생길 것이고, 오늘을 사는 우리는 그 이상을 결코 예측할 수 없다는 것을 말이다. 그러므로 현재 우리가 할 수 있는 일은 신종 바이러스가 왜 이토록 늘어나는지에 대해 질문하고, 그로부터 답을 도출하고자 노력하는 것뿐이다. 과거와 현재를 바로 알아야 미래를 대비하는 노력을 시도할 수 있기 때문이다.

인간은 어쩌다 자연의 표적이 되었나

신종 바이러스가 계속해서 출현하는 이유는 이미 연구를 통해 여럿 제시되었다. 몇 가지를 소개하자면, 먼저 인간과 야생동물이 서로 접촉하는 접점이 점차 늘어나고 있다는 점을 꼽을 수 있다. 이를 생태학적으로는 인간과 야생동물의 생태적 지위niche가 겹친다고 이야기한다.

즉 과거에 인간과 야생동물은 각각의 생태 영역을 가지고 있었지만, 오늘날에는 무분별한 벌채 등으로 야생동물의 서식지가 줄어들면서 그 영역의 구분이 점차 불명확해지고 있다. 실제로 아마존 같은 곳은 계속된 벌채로 삼림 파괴가 가속화되고 있다고 한다.

본래 인간과 야생동물 사이를 명확하게 구획하는 벽이 있던 것은 아니다. 다만 각자의 생존 영역이 있었고, 서로 다른 환경에서 살며 접촉할 일이 많지 않았다. 그러나 무분별한 개발은 야생동물의 영역까지 침범하기에 이르렀고 결국 야생동물에게 있던 바이러스에 감염될 위험도 그만큼 커졌다. 원래 야생동물에 존재하는 바이러스는 인간에게 넘어온다고 하더라도, 대부분 감염을 유발하지 못하고 사라져버릴 가능성이 크다.

하지만 그중의 일부가 인간에게서 적응해 인간 사이의 감염을 잘 일으키게 되면 신종 바이러스로서 등장하게 되는 것이다. 코로나 바이러스의 경우에는 숙주 동물로서 박쥐를 많이 이야기한다.

박쥐는 다양한 코로나 바이러스를 보유하고 있는데 이것이 직접적이든 중간 숙주를 통해서든, 인간에게 전파되어 적응하면 코로나19와 같은 신종 바이러스로서 출현하게 된다. 결국 중요한 것은 인간과 야생동물의 상호 접점이 많아지고 있는 상황을 간과해서는 안 된다는 점이다.

다음으로 기후 변화로 야기된 지구온난화 문제를 들 수 있다. 대표적인 예가 바로 모기로 매개되는 바이러스 질환이다. 지구온난화로 평균 기온이 상승하면서 아열대 지역에서 서식하던 모기가 온대 지역에까지 서식하면서 바이러스를 전파하는 것이다.

아열대 지역의 풍토병인 뎅기열dengue의 경우 우리나라에도 가끔 환자들이 발생하는데, 이 경우 아열대 지역을 여행하는 동안 감염되어 온 것이다. 하지만 뎅기 바이러스를 옮기는 모기가 지구온난화로 우리나라와 같은 온대 지역까지 서식 영역을 확장한다면, 우리나라에도 뎅기열이 풍토병으로 자리 잡지 않을까 하는 우려가 생긴다. 모두 인간의 욕심으로 무분별한 산업화와 자연 개발을 한 결과들이다.

최근에는 흥미로운 연구도 발표되었다. 지구온난화로 중국 남부, 미얀마, 라오스 지역에서 숲의 식생이 변화해 결과적으로 박쥐들이 좋아하는 서식지가 늘어났다는 것이다. 기존에 관목 지대였던 곳들이 기후 변화로 박쥐들이 서식하기 좋은 초원 지대와 낙엽수림으로 변화했고, 그 결과 박쥐의 종 수도 늘었고 박쥐가 가지고 있는 코로나 바이러스의 종 수도 늘어났다고 한다. 지구온난화가 코로나19의 출현과 밀접한 관련이 있음을 제시하는 연구 결과다.[1]

뿐만 아니라 오늘날에는 항공의 발달로 신종 바이러스의 전파가 가속화되어 일어난다. 과거에만 하더라도 전 세계 인구가 이처럼 빠르게 널리 이동하는 것은 상상조차 어려웠지만, 오늘날에는 이미 일상이 되었다. 특히 최근 20여 년만 보더라도 항공을 통한 이동량이 급격히 증가했다. 과거에는 신종 바이러스가 출현했다 하더라도 전 세계로 퍼져나가는 데 적지 않은 시간이 걸렸지만, 현대사회에는 여러 교통수단의 발달로 단 몇 시간 만에 전 세계로 퍼져나갈 수 있는 것이다.

이외에도 세균 감염의 경우에는, 항생제 남용에 따라 내성이 생겨 과거 치료제로 사용되었던 약이 더 이상 효과를 내지 못하는 경우도 있다. 소위 슈퍼 박테리아라고 하는 경우다.

이런 이유들을 토대로 생각해보면 코로나19 이후의 미래는 더욱 회의적으로 다가온다. 무분별한 산업화와 자연 개발은 지금도 멈춰지지 않고 있으며, 이로 인한 지구 온난화는 더욱 가속화되고 있다. 환경 운동도 개발의 속도를 약간 지체시킬 뿐 그 자체를 멈추지는 못한다. 코로나19 팬데믹의 종식 이후에도 신종 바이러스는 계속 출현할 것이라는 점은 이상의 근거로 확실해 보인다.

그렇다면 예정된 미래 앞에서 우리는 어떤 노력을 할 수 있을까? 또 다른 신종 바이러스에 속절없이 일상을 빼앗기지 않는 방법은 무엇일까? 여기에는 두 가지 다른 차원의 변화가 필요하다.

먼저 인류학적인 차원에서의 변화다. 현재 인류는 급격한 과학 기술 문명의 발달에 힘입어 이전 세기에는 상상할 수 없을 정도의 발전을 이뤘다. 더욱 큰 이익을 창출하는 자본주의의 공식에 따라 생산자는 수요를 좇았고, 소비자는 더 많은 소비를 하게 되었다. 이 시대 자본주의는 올림픽의 구호라고 하는 '더 높이, 더 멀리, 더 빨리'의 정신과 맞닿아 있다고 볼 수 있다.

특히 우리나라는 한강의 기적이라 불리는 반세기 만의 경제 성장으로 전 세계를 놀라게 했지만 이에 따른 부작용도 만만치 않게 겪고 있다. 인간을 위한 개발에 인간 자체도 고통을 받는 상황에서 자연도 예외는 아니었다. 단순한 편리를 위한 무분별한 개발은 오랜 시간 유지되어 온 자연과 인간의 균형을 깨뜨렸다. 이것이 오늘날 우리의 자화상이다.

이를 바꾸기 위해서는 인류 전체 한 사람, 한 사람의 노력이 필요하다. 자본주의 사회에서 우리 모두는 소비자이고, 소비자의 요구가 곧 개발의 동력이 된다는 점을 잊지 말아야 한다.

그러므로 '더 높이, 더 멀리, 더 빨리'라는 근시안적인 편리를 추구하기보다 과도한 욕심을 버리고 '조금 적당히' 만족하는 삶을 찾으려는 노력이 필요하다. 그럴 때 자연과 인간의 불균형은 다시 정상화되고 신종 바이러스를 야기하는 요인들도 하나둘씩 사라질 것이다.

그리고 이처럼 삶의 방식을 변화시키기 위해서는 반지성주의 내지는 유사 과학적인 결론으로 가서는 안 된다. 신종 바이러스의 출현에 대비하는 가장 중요한 수단 역시 과학으로부터 온다. 그만큼 과학을 기반으로 한 체계적인 준비가 필요하다는 말이다.

코로나19라는 재앙이 이처럼 갑자기 닥치기 전까지만 하더라도 신종 바이러스에 대한 공포는 그저 영화적 상상의 영역에 머물러 있었다. 물론 코로나19 이전에 과학자들 사이에서는 '질병 X disease x'라고 하는 굉장히 강력한 신종 바이러스가 언젠가 출현할 것이라는 논의가 오고 가기는 했었다.

실제로 2018년 2월 세계보건기구가 향후 중요하게 다뤄야 할 질병으로 발표한 목록에 질병 X가 포함되어 있었다. 미래의 일이니 이름을 특정할 수는 없지만, 대유행을 일으킬 바이러스 질병을 질병 X라고 지칭한 것이다. 그때까지만 해도 어디까지나 불확실한 미래의 일이었기 때문이다.

그리고 코로나19는 첫 번째 질병 X가 되었다. 영화보다 더 영화 같은 일이 현실에서 일어났고, 여전히 현재 진행형이다. 지금 전 세계는 일상을 되찾기 위해 노력하고 있다. 중요한 것은 일상으로 돌아가더라도 우리가 얻은 경험과 교훈을 잃어버리지는 말아야 한다는 점이다.

바이러스 X, 어떻게 막을 것인가

신종 바이러스에 대응하는 또 하나의 방법은 과학적인 차원에서의 변화다. 미래를 준비한다는 것은 과학자의 관점에서 그리 단순한 문제는 아니다. 예를 들어 난치 암에 걸린 환자가 있다고 하자. 이 경우 아무리 어려운 난제라고 해도 치료해야 할 암이 눈앞에 있기에 치료제 개발이라는 연구의 방향성은 분명하다. 그러나 미래의 신종 바이러스는 아직 눈앞에 없다. 어떤 종류일지도 모를 신종 바이러스를 준비한다는 말 자체가 어불성설로 느껴진다.

하지만 코로나19를 겪었다는 것은 분명 새로운 경험이 쌓였다는 것과 같은 의미다. 코로나19 팬데믹 때 우리에게 부족한 것이 무엇이었는지를 떠올린다면 신종 바이러스에 대비하기 위한 두 가지 방향성을 설정할 수 있다.

먼저 신속rapid 전략이다. 신종 바이러스가 발생했을 때, 재빨리 파악하고 대응할 수 있는 체계를 미리 갖춰놓는 것이다. 이는 독감 백신 개발 시 현재 사용하고 있는 방법과 크게 다르지 않다. 앞서 설명했듯이 독감 백신의 경우 해마다 유행할 인플루엔자 바이러스를 미리 예측해서 생산하는데, 이 경우 해마다 전혀 새로운 방식으로 만드는 것이 아니다.

독감 백신을 만드는 시스템, 이를 플랫폼이라고 하는데 이 플랫폼 기술에 올해 유행할 것으로 예측한 인플루엔자 바이러스를 바꿔 넣는 것이다. 쉽게 말하면 마치 CD만 바꿔 넣으면 같은 오디오에서 전혀 다른 노래가 흘러나오는 것과 같다. 이런 방식을 미리 잘 만들어놓고 이용하면 특정할 수 없는 미래의 신종 바이러스라 해도 잘 마련해놓은 플랫폼 기술을 통해 빠른 대처가 가능하다.

이번 코로나19 백신의 경우 mRNAmessenger RNA 백신 플랫폼 기술이 중요하게 이용되었다. 대개 백신은 바이러스의 구성 단백질을 변형시키거나 인위적으로 만들어 이용하는데, mRNA 백신의 경우에는 바이러스 단백질 대신 단백질을 만드는 유전정보를 지닌 mRNA 자체를 백신으로 이용한다.

이번에 코로나19 mRNA 백신을 재빨리 개발한 회사들은 코로나19 팬데믹 이전부터 다른 목적으로 mRNA 백신을 개발하던 회사였다. 즉 환자 맞춤형 암 백신이라고 하는 암 치료용 백신을 mRNA 기술을 이용해 개발하고 있던 중에, 코로나19가 유행하면서 코로나19 백신 개발에 서둘러 착수해 채 1년이 되기 전 성공적으로 개발할 수 있었던 것이다. 플랫폼 기술을 통한 전략의 중요성을 보여주는 한 사례다.

신속 전략과 관련된 또 다른 사례는 약물 재창출drug repositioning 이다. 이번 코로나19 유행 때도 활발히 이뤄진 연구 개발 방식으로, 다른 바이러스나 다른 질환 치료에 이미 사용 중인 약물들이 신종 바이러스에 치료 효과가 있는지 재빨리 검색해보는 것이다. 이미 인간에게 사용 중인 약물이니 안전성은 검증되었고, 신종 바이러스에 대한 치료 효능만 분석하면 되기 때문에 신속하게 약물을 이용할 수 있다. 물론 신종 바이러스에 대한 약물이 미리 준비되어 있는 것보다는 느릴 수밖에 없다.

다음으로 생각해볼 수 있는 것이 보편broad/universal 전략이다. 말하자면 신종 바이러스의 종류가 무엇이든 모든 바이러스에 효능을 보이는 약물을 미리 만들어놓는 것이다. 바이러스들은 각 종류마다 유전자의 형태도 다르고 증식하는 기전도 다르기 때문에 모든 바이러스에 효능을 보이는 약물을 만든다는 것은 불가능에 가까울 수 있다.

하지만 각각의 바이러스에 대한 치료 효능은 다소 떨어지더라도 광범위한 바이러스에 효능을 보이는 약물은 만들 수 있다. 즉 넓은 범위를 커버하는 대신에 치료 효능은 최선이 아닌 약물을 개발하는 것이다. 이번 코로나19 팬데믹을 겪으며 인류에게 '보편 항바이러스제'가 있었다면 조금 더 용이하게 대처할 수 있었을 것이라는 아쉬움을 가지게 된다.

이 전략을 조금 더 확장하면 '보편 백신'의 개념까지 생각할 수 있다. 모든 바이러스는 아니더라도 대부분의 인플루엔자 바이러스나 대부분의 코로나 바이러스를 예방하는 백신을 개발하는 것이다. 현 시점에서는 다소 황당하게 들릴 수도 있지만 연구 개발의 가치는 매우 높은 개념이라고 볼 수 있다. 신종 바이러스를 어느 하나로 특정할 수 없는 상황에서 폭넓게 효과를 내는 치료제나 백신을 미리 만들어놓는다는 것은 분명 중요한 전략으로 삼을 만하다.

물론 이상의 두 가지 전략만이 정답은 아니다. 그리고 이런 상상은 과학자만의 영역도 아니다. 과학자들은 대개 주어진 과제에 집중하는 성향이 있다. 하지만 미래에 출현할 신종 바이러스는 그 종류가 무엇인지조차 알 수 없고, 그 때문에 현재 해결할 과제로 인식되지 못하게 되는 어려움이 있다.

이럴 때 필요한 것이 상상력이다. 과학자들뿐만 아니

라 많은 사람들의 상상력이 필요하다. '미래에 코로나19 같은 신종 바이러스가 또 나타난다면 어떤 일이 벌어질까?' '전파력과 치명률이 월등히 높다면?' '노인보다는 아기들이 더 심한 감염을 앓는다면?' 등 보다 풍부한 상상력이 필요하다. 이런 상상의 산물은 과학 논문일 필요가 없다. 상상을 통해 만들어지는 영화나 소설, 드라마와 같은 문화적 산물은 그 자체로 매우 큰 파급 효과를 가질 것이다.

이런 논의와 상상은 과학자들에게 해결할 과제들을 제시하는 셈이다. 결국 실현을 이루는 것은 과학자의 몫이겠지만, 현 단계에서는 과학이냐 아니냐에서 벗어나 모두가 영화적 상상력을 발휘해야 한다. 이는 코로나19로 경험과 지식을 쌓은 인류 모두에게 주어진 책무다. 신종 바이러스는 반드시 풀어야 할 문제이고, 답을 찾아야만 다시는 같은 일이 반복되지 않을 것이기 때문이다.

Q
내 인생을
위한
질문

인류의 문명이 고도로 발달할수록
전 세계 곳곳에서는 전에 없던
새로운 감염성 질환이 발생한다.
단순히 우연이라 말할 수 있을까?

A
나만의 답을
적어보세요

_____

_____

_____

_____

_____

_____

_____

_____

_____

3강 ✕

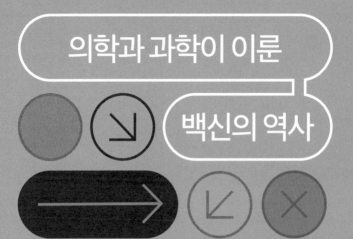

의학과 과학이 이룬

백신의 역사

백신 개발은
우리의 삶을 새롭게 바꿔놓았다.
인류의 위대한 소산,
백신에 담긴
과학적인 원리는 무엇일까?

백신이 쓴 수명 연장 시나리오

백신은 인류가 감염성 질환에 대응해 개발한 여러 의료 기술 중 인간의 기대 수명을 가장 현격하게 늘렸다고 평가받는다. 앞서 바이러스에 감염되었을 때 몸이 자연적으로 대응하는 방어 작용을 면역반응이라고 했다면, 백신은 의식 없이 내재적으로 일어나는 면역반응이 더 잘 일어나도록 과학적 조작을 가한 것을 말한다.

백신의 개발은 인류의 삶을 새롭게 바꿔놓았고, 의학의 발달이 사회적으로 얼마나 중요한 영향을 미치는지 깨닫게 했다. 인류의 위대한 소산이라 평가받는 백신에는 어떤 과학적인 원리가 담겨 있을까?

앞서 설명한 바이러스의 감염 원리를 다시 한번 떠올려보자. 바이러스 감염은 바이러스가 몸속 세포로 침투했을 때 비로소 일어난다. 예를 들어 폐와 같은 호흡기관이라면 공기가 지나가는 통로, 장과 같은 소화기관이라면 음식물이 지나가는 공간을 통해 들어온 바이러스는 아무리 몸속으로 들어왔다 하더라도 세포 안으로 침투하지 못하면 증식하지 못한다. 바이러스가 세포 안으로 침입했을 때만 감염이 성립되기 때문이다.

이때 세포 안으로 침투하는 과정 자체도 자연적으로 일어나지 않는다. 바이러스 표면의 단백질이 세포 표면의 특정 단백질과 딱 맞게 결합을 해야 세포 안으로 들어갈 수 있다. 코로나19 바이러스의 경우 스파이크 단백질이 우리 세포 표면의 ACE2를 수용체로 삼아 결합한다고 설명했다. 다음의 모식도를 통해 바이러스 표면의 돌기처럼 튀어나와 있는 단백질이 세포 표면의 단백질과 결합하는 모습을 볼 수 있다.

이미 알고 있듯이 중화항체는 바이러스가 세포로 침투하려고 할 때 이를 막는 역할을 한다. 모식도에서 Y자 모양으로 바이러스를 잡고 있는 것이 바로 항체다. 항체는 B세포라는 면역세포가 분비하는데, 바이러스든 세균

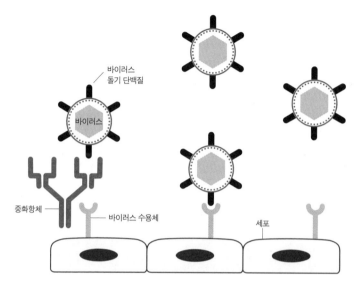

바이러스의 세포 감염을 막는 중화항체의 작동 원리

이든 우리 몸에 외부의 병원성 미생물이 들어오면 B세포
는 각각의 바이러스나 세균에 딱 맞게 결합하는 항체를
만들기 시작한다. 이런 항체를 의도적으로 미리 생성하도
록 하는 것이 바로 백신이다.

　항체는 한번 생성되기 시작하면 무수히 많이 만들어
져 피에 녹아 떠다닌다. 그러다 바이러스가 들어오면 바
이러스 표면의 돌기 단백질과 결합해 돌기 단백질이 세포
수용체와 결합하는 것을 방해함으로써 바이러스의 감염

을 막는다. 이때 바이러스가 세포 안으로 들어가는 것을 막는 항체, 이를 특별히 중화항체라고 설명했다.

코로나 바이러스의 경우, 세포 침투에 중요한 역할을 하는 스파이크 단백질에 대한 항체가 형성되면 이것이 스파이크 단백질과 세포 표면의 ACE2 수용체의 결합을 방해함으로써 중화항체 기능을 하는 것이다. 최근 언론에서 코로나19 백신 보도를 통해 스파이크 단백질에 대한 항체의 중요성과 변이의 위험성을 중요하게 다루는 이유다.

중화항체는 백신뿐만 아니라 치료제로도 이용되고 있다는 점에서 중요한 의미를 지닌다. 코로나19에 자연 회복된 사람들의 혈액에는 코로나19 바이러스에 대한 중화항체가 이미 생겨 있기 때문에 이들의 혈액을 얻어 환자 치료에 직접 이용하는 혈장 치료가 이뤄지고 있다. 또한 코로나19 회복자들의 혈액에서 항체를 정제해 이를 항체 의약품으로도 개발하고 있다.

그리고 이제는 보다 진보된 방식도 개발되고 있다. 코로나19 바이러스에 대한 중화항체를 아예 생명공학 기술을 통해 인공적으로 생산한 항체 치료제들도 속속 개발되고 있는 것이다.

그렇다면 바이러스 감염 후 회복을 거쳐 형성된 중화

항체는 얼마나 오래 지속될까? 이는 보통 바이러스마다 다른데, 코로나19 바이러스의 경우 그리 오래 지속되지 않는다는 보고들이 잇따르고 있다.

최근의 연구 결과들을 종합해보면, 회복한 뒤 6~8개월 후면 중화항체가 상당량 감소하는 것으로 보인다. 즉 완치된 사람이라도 1~2년 정도의 시간이 흐른 후에는 중화항체가 없어져 다시 감염될지도 모른다는 의미다. 이에 따라 코로나19 백신 재접종의 필요성과 재접종 주기에 관한 연구도 속속 시작되고 있다.

인간이 만든 무기, 백신의 원리

복잡한 병인기전을 가진 다른 질환들과는 달리 감염성 질환은 상대적으로 이해하기 쉬운 개념이다. 비록 눈에 보이지 않을 정도의 미세한 바이러스나 세균이기는 하지만 병원성 미생물이 내 몸에 침입해 병을 일으킨다는 논리가 직관적으로 이해되기 때문이다.

때문에 의학을 과학적인 방법론으로 다룬 가장 첫 번째 분야가 바로 감염성 질환이었다. 그중에서도 상대적으로 배양하기 쉬운 세균의 이해를 통해 의학은 발전을 시작했으며, 이에 따라 면역학의 역사는 세균학의 역사와 그 궤를 같이 하게 되었다.

오늘날에는 의학을 과학과 떼려야 뗄 수 없는 아주 밀접한 학문으로 여기지만, 인류의 역사에서 보면 꼭 그런 것만은 아니었다. 과거 의학은 동서양을 막론하고 질병의 진단과 치료라는 명제에 집중하기만 했을 뿐, 그 근저에 있는 원리에 대해서는 제대로 된 노력을 경주하지 못했다. 반면 과학의 목적은 본래의 특성상 다른 곳에 응용을 하기보다는 자연현상의 원리 자체를 설명하는 데 있었다.

하지만 질병을 완전히 치료하기 위해서는 질병이 생기는 원리를 제대로 이해해야 한다는 것은 너무나도 당연한 이야기지 않은가. 이런 면에서 볼 때, 의학이 과학의 힘을 빌려 비약적인 발전을 한 계기가 바로 1800년대 후반, 질병의 원인으로서 세균을 발견한 시점이었다는 것은 결코 우연이 아니었다. 항체를 발견한 것도 바로 이 직후였다.

여기에는 앞서 언급한 세균학의 창시자 코흐가 있었다. 코흐는 특정 질병을 유발하는 것이 특정 세균이고, 세균의 감염으로 질병이 확산된다는 것을 밝힌 공로를 인정받아 1905년 노벨 생리·의학상을 수상했다.

독일 볼슈타인 지역의 의사였던 코흐는 당시 그 지역에 널리 퍼져 생명과 재산을 앗아가는 탄저병을 연구했고, 아내에게 선물받은 현미경을 이용해 1876년에 탄저병이 탄저균이라는 미생물에 의해서 발병한다는 것을 입증해냈다. 이외에도 결핵tuberculosis과 콜레라cholera의 원인균을 발견해 1870~80년대에 세균학 분야의 놀랄 만한 성취를 이뤘다.

항체의 면역반응은 세균학의 발달 과정에서 자연스럽게 알게 된 사실이었다. 쥐와 같은 실험동물로 감염 실험을 진행할 때, 똑같은 세균을 주입해도 죽지 않고 자연 회복되는 쥐를 발견한 것이 시작이었다.

예를 들어 열 마리의 쥐에 똑같은 콜레라균을 주입하자 다섯 마리는 감염되어 죽었지만 나머지 다섯 마리는 저절로 회복되었고, 회복된 다섯 마리의 쥐는 똑같은 세균을 다시 주입하더라도 감염이 일어나지 않는 모습을 보였던 것이다.

이처럼 면역반응의 기본 원리는 실험 결과를 우연한 일로 간과하지 않고 의문을 품은 과학자들에 의해 밝혀질 수 있었다. 물론 이때만 해도 항체의 존재나 분자 구조까지 파악한 것은 아니었다.

항체의 면역반응은 크게 두 가지의 특성을 보인다. 예를 들어 A균, B균이 있다고 가정해보자. A균에 감염되었다 회복된 개체에게 다시 A균을 주입하면 어떻게 될까? 감염되지 않는다. 그런데 그 개체에 B균을 주입하면 어떻게 될까? 감염이 일어난다.

즉 A균에 의해 생긴 면역은 B균에는 작동하지 않는다. A균에 의해 생긴 면역은 A균에 대해서만, B균에 의해 생긴 면역은 B균에 대해서만 작동한다. 이를 특이성specificity이라 한다. 오늘날 면역학 교과서의 맨 첫 장에서 다루는 면역학의 법칙 중 하나다. 신생아를 대상으로 시기에 따라 다양한 백신을 접종하는 이유도 면역반응은 각각의 세균이나 바이러스에 대해서만 작동하는 특이성이 있기 때문이다.

다음은 기억현상immunological memory이다. 과거에 A균에 걸렸다는 사실을 몸이 현상적으로 기억하는 것이다. 즉 몸속 면역반응에 관한 기억이다. 이 규칙을 알게 된 당시 과학자들은 감염되었다 자연 회복된 쥐의 면역반응이 어떤 물질의 형태로 기억되어 있는지를 밝히고자 했다.

이를 밝히기 위해 먼저 A균에 대한 면역을 가진 쥐의 피를 뽑아 피에서 혈구를 제거한 액체 성분인 혈청을 분리했다. 그리고 이후 혈청을 A균에 감염 경력이 없는 쥐에 주사한 다음 A균을 감염시켰다. 결과는 놀라웠다. 면역이 전달된 것이다.

이로부터 면역반응이 어떤 물질의 실체인지는 몰라도 혈청에 녹아 있는 물질에 의해 매개된다는 것이 밝혀졌다. 따라서 당시에는 항체란 용어가 아닌 항혈청이라는 용어를 사용했다. 예를 들어 A균에 대한 면역을 가지고 있는 혈청은 항A균혈청이라고 부르는 방식이다.

이후 항체란 피에 녹아 있는 단백질의 일종으로 면역반응을 매개한다는 사실과 함께 1950년대에는 항체의 화학적 구조까지 밝히는 데 성공한다. 중요한 것은 항체의 존재조차 몰랐던 시기에 발견된 면역반응의 기본 원리가 오늘날 백신을 개발할 때도 여전히 적용되고 있다는 점이다.

코로나19로 감염성 질환에 대한 관심이 급증한 요즘, 면역에 대한 관심만큼 백신이 코로나19를 종식시킬 것인지에 대한 기대도 증가하고 있다. 이처럼 면역이나 백신에 대한 인류의 지식은 비교적 최근에 급속도로 발전했다. 하지만 그 근간은 이미 1900년도가 되기도 전에 이뤄져 있었다.

최초의 노벨상과 코로나19

항체는 초기 의학의 역사에서 무엇보다 중요한 역할을 담당했다. 1800년대 후반 독일이나 프랑스에서는 디프테리아diphtheria가 유행했는데, 디프테리아균이 호흡기를 통해 들어와 감염되는 형태로, 어린아이의 경우 심하면 사망에까지 이르는 무서운 질병이었다. 당시 선진국이라 할 수 있는 독일이나 프랑스에서도 디프테리아에 감염되어 입원한 어린아이의 30~40퍼센트가 사망했다고 하니, 오늘날 우리가 코로나19에 느끼는 공포에 버금갈 정도였던 것으로 보인다.

그러나 독일의 세균학자 에밀 폰베링Emil von Behring에 의해 디프테리아를 치료할 길이 열린다. 코흐의 제자인 폰베링은 그 공로로 1901년 제1회 노벨 생리·의학상을 수상했다.

폰베링을 비롯해 프랑스의 에밀 루Emile Roux 등 과학자들은 거듭된 연구를 통해 디프테리아 환자는 디프테리아균 자체가 아니라 디프테리아균이 내뿜는 디프테리아 독소에 의해 사망에 이른다는 것을 밝혀낸다. 즉 독소의 작용을 억제하는 것이 치료의 핵심이었다. 결국 폰베링은

Berliner Jlluftrirte Zeitung.

디프테리아균 항혈청을 만들기 위한 에밀 폰베링의 말 실험

독소에 대한 항체, 당시에는 항혈청을 만들어서 아이들에게 주사하면 독소의 기능을 중화할 것이라는 가설에 따라 실험을 시작한다.

　당시에는 기니피그나 쥐를 이용한 동물실험이 더욱 일반적이었지만, 폰베링은 말을 이용한 실험을 진행했는데, 덩치가 큰 말을 이용해 항혈청을 대량으로 얻기 위한 것이었다. 한마디로 말이 의약품 공장이 된 것이다.

디프테리아 독소를 생산해 말에 주사한 뒤, 말의 피에서 혈청을 분리해 항혈청을 만드는 방식이었다. 그리고 이를 어린아이에게 주사하는 것인데, 그 결과 사망률은 이전의 절반인 15~20퍼센트로 감소했다. 물론 현대에는 이처럼 동물에서 만든 항체를 인간에게 직접 약물로 투여하지는 않는다.

오늘날에는 디프테리아 백신이 개발되어 백일해pertussis, 파상풍tetanus과 함께 DPT 접종의 형식으로 신생아에게 생후 2개월, 4개월, 6개월에 접종한다. 디프테리아 백신의 경우 디프테리아 독소에서 독성을 제거한 후 인체에 주사함으로써 중화항체를 자연적으로 생성하도록 하는 원리다. 당시 폰베링은 디프테리아에 감염된 환자에게 항혈청을 주입해 치료했지만, 오늘날에는 백신을 통해 항체를 내재적으로 생성하도록 하여 독소의 작용을 차단하는 것이다.

이처럼 항체를 이용해서 의약품을 만드는 방식은 오늘날에도 사용되는데, 앞서 설명한 코로나19의 중화항체가 그 예다. 특히 코로나19 회복자들의 혈액에서 항체를 정제해 이를 항체 의약품으로 개발하는 방식이 가장 유사하다고 볼 수 있다. 여기에 생명공학 기술을 이용해 중화항체를 인공적으로 대량 생산하는 기술 또한 기본적인 작동 원리만큼은 120여 년 전의 폰베링과 동일하다고 할 수 있다.

더 이상 동물의 혈청을 의약품으로 이용하지는 않지만 폰베링의 항체 치료제 개념이 현재 코로나19에까지 이용된다는 점에서 120년 전, 제1회 노벨상의 위엄은 현대에도 여전히 빛을 발하고 있다고 할 만하다.

백신은 우리 몸을 어떻게 변화시킬까

면역반응에는 항체만 있는 것이 아니다. 다음의 모식도에서 큰 타원은 세포, 그 안에 있는 또 하나의 작은 원은 세포의 중심에 있는 핵을 의미한다. 그리고 병원성 미생물을 세포의 안팎 여기저기에 그려놓았다.

질병을 일으키는 수많은 미생물들 중 세균이나 곰팡이, 즉 진균은 세포 밖에서 증식하면서 기생 활동을 영위하는 경우가 많다. 굳이 세포 안으로 침투하지 않고 세포 밖에서도 증식을 잘하는 것이다.

이런 병원성 미생물에 대해서는 항체가 매우 잘 작동

한다. 항체는 그 자체가 세포 밖에 존재하고 세포 안으로 들어갈 수는 없기 때문에, 세포 밖에서 존재하는 미생물에 특화된 무기라고 볼 수 있다. 바이러스 감염의 경우에는 바이러스가 세포 안으로 침입하기 전까지만 그 역할을 한다.

이 말은 반대로 항체가 굉장히 우수한 면역반응 요소라 할지라도, 세포 안에서 증식하는 병원성 미생물에까지 관여하지는 못한다는 것을 의미한다. 하지만 실제로 많은 미생물들은 세포 안에서 증식하고 기생 생활을 한다.

예를 들어 세균의 일종인 결핵균은 몸속 대식세포macro-

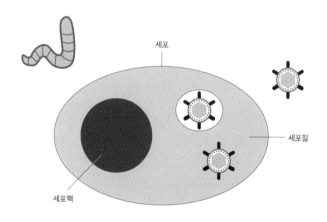

세포 안팎에 기생하는 병원성 미생물

phage에 잡아먹힌 후 파괴되지 않고 막으로 둘러싸인 세포 내 구조물 안에서 증식하고 질병을 일으킨다. 그리고 모든 바이러스들은 세포질에서 자손 바이러스를 만들며 증식한다. 이처럼 세포 안에서 기생하는 미생물들에게 항체는 무용지물이다. 당연히 몸속에는 다른 종류의 면역반응이 필요할 수밖에 없다.

잠깐 이야기를 돌려, 우리 몸에 기생하는 생명체들 중 가장 큰 크기인, 회충과 같은 기생충에 대해서도 살펴보자. 회충은 육안으로도 보이는 크기의 기생충으로, 과거에 공중보건이 낙후되었을 때는 실제로 굉장히 많은 사람들의 장관腸管에 기생했다. 그렇다면 회충과 같은 큰 크기의 기생충에 대한 면역반응도 바이러스나 세균에 대한 면역반응과 똑같을까?

실제로 면역반응은 우리 몸속에서 각기 다른 방식으로 발달되어 있다. 몸속 백혈구들 중 호염구basophil나 호산구eosinophil라고 하는 면역세포들이 바로 기생충에 대한 면역반응에 특화된 세포들이다. 특히 이들 면역세포의 경우 알레르기 질환에 관여한다는 점에서 기생충에 의한 질환이 거의 사라진 현재에도 많은 학자들에 의해 연구되고 있다. 알레르기란 회충과 같은 기생충에 효과적으로 대응하기 위해 발달한 면역 시스템이 주변 환경 물질에 과도하게 반응할 때 발생하기 때문이다.

다시 원점으로 돌아와, 세포 안에서 기생하는 병원성 미생물들에 대한 면역반응에 대해 이야기해보자. 앞서 말했듯이 항체는 세포 안으로 이미 들어간 바이러스와 같은 미생물에 대해서는 더 이상 작동할 수 없다. 그렇다면 세포 안에 존재하는 바이러스에 대해서는 어떤 면역반응이 일어날까?

이때 작동하는 것이 바로 T세포다. T세포는 항체와 함께 면역반응의 양대 축이라 불릴 만큼 중요한 역할을 한다. 다음의 모식도에 사각형 모양의 세포 두 개가 그려져 있는데, 그중 상단의 세포는 바이러스에 감염되었다. 이제 시간이 지나면 바이러스는 기하급수적으로 증식할 것이다.

이 경우 몸 전체를 방어하려면 바이러스에 감염된 세포를 죽이는 것 말고는 다른 방법이 없다. 감염된 세포 자체를 제거함으로써 바이러스가 생산되는 공장을 파괴해버리는 것이다. 세포 하나를 희생시킴으로써 바이러스의 증식 자체를 막는 방법이다. 이것이 T세포가 하는 일이다.

이때 중요한 것이 바로 선택성selectivity이다. 바이러스에 감염된 세포와 그렇지 않은 세포를 잘 구분하는 것이야말

T세포에 의한 바이러스 감염 세포 제거

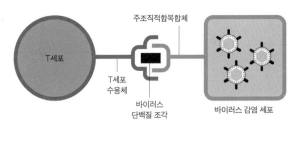

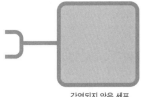

감염되지 않은 세포

로 면역반응이 가장 이상적으로 작동하기 위한 전제이기 때문이다. 실제 T세포가 바이러스에 대항해 작동하는 방식도 이와 같다.

T세포가 선택성을 발휘하기 위해 바이러스에 감염된 세포와 그렇지 않은 세포를 구분할 때는 주조직적합복합체major histocompatibility complex, MHC(이하 MHC)라는 매우 복잡한 이름의 단백질이 중요한 역할을 한다. 주조직적합복합체 단

백질은 우리 몸속 모든 세포들의 세포 표면에 존재하는데, 세포 안에 있는 각종 단백질 조각을 끄집어내어 세포 표면에 보여지도록 전시하는 역할을 한다. 즉 세포가 바이러스에 감염되어 있으면, 바이러스 단백질 조각을 끄집어내어 세포 표면에 감염 여부를 전시하듯이 보여주는 것이다.

이런 이유로 MHC의 작용을 쉽게 설명할 때 '깃발 단백질'이라는 용어를 사용하고는 한다. 깃발이 무엇인가를 표식하는 역할을 하는 것처럼, 세포는 MHC라는 깃발 단백질을 통해 바이러스의 감염 사실을 T세포에 알려주는 것이다. 모식도에서 검정색의 직사각형으로 표시된 것이 바로 바이러스 단백질 조각이다. T세포는 깃발 단백질에 얹어진 바이러스 단백질 조각 유무를 통해 바이러스에 감염된 세포를 찾아내 선택적으로 죽인다.

이런 과정을 의인화하면 더욱 이해하기 쉽다. 몸 전체에 바이러스가 퍼지는 것을 막기 위해 바이러스에 감염된 세포가 스스로 깃발을 흔들며 외치는 것이다. "내가 지금 바이러스에 감염되었으니 나를 제거해줘." 이를 인지한 T세포라는 경찰 세포의 출동으로 바이러스 감염 세포는 깨끗하게 제거된다.

이때 작동하는 두 가지 기본 원리는 항체의 면역반응에서와 동일하다. 바로 특이성과 기억 현상이다. 다시 설명하자면, A균에 대한 항체가 A균에만 작동했듯이, A바이러스에 대한 T세포와 B바이러스에 대한 T세포, 그리고 C바이러스에 대한 T세포가 각각 따로 있다는 것이다. 즉 T세포 면역반응에도 특이성이 작동한다.

MHC라는 깃발 단백질 위에 서로 다른 바이러스 단백질 조각이 얹어지고, 이때 각각의 바이러스 단백질 조각을 인식하는 T세포들이 따로 존재하는 것이다. 또한 T세포는 바이러스 감염을 한번 경험하게 되면 추후 동일한 바이러스 감염에 더 빠르고 강하게 작동할 수 있는 기억 T세포로 분화해 장기간 존재한다. 이렇게 T세포의 면역반응에도 기억 현상이 존재한다.

이처럼 특이성과 기억 현상은 항체와 T세포가 작동하는 기본 원리다. 즉 몸속에서 일어나는 면역반응에는 크게 항체 반응과 T세포 반응이 있으며, 이를 작동시키는 기본 원리에는 특이성과 기억 현상이 있다. 그리고 이런 현상을 유발하도록 우리가 인위적으로 이용하는 것이 바로 백신이다. 항체와 T세포의 특이성과 기억 현상 덕분에 우리는 백신을 개발할 수 있게 된 것이다.

코로나19가 사라질 가까운 미래

코로나19 백신의 경우에도 동일한 원리가 적용된다. 언론을 통해서는 주로 중화항체에 대한 보도를 접할 수 있는데, 그에 못지않게 중요한 것이 바로 T세포다. 코로나19 백신 접종을 통해 코로나19 바이러스에 대한 중화항체가 생긴다면, 코로나19 바이러스가 우리 몸에 들어오더라도 세포 안으로의 침투를 막을 수 있다.

하지만 중화항체가 생겼다 하더라도 코로나19 바이러스가 이를 회피하며 세포를 감염시킬 수도 있다. 이때 백신으로 유도된 기억 T세포가 바이러스에 감염된 세포를 재빨리 제거해준다면 우리 몸속에 코로나19 바이러스가 그리 많이 증식하지 못하고 신속히 회복될 수 있다.

한편 이와 관련해 흥미로운 이야기들이 최근 보고되고 있다. 코로나19 바이러스에 한 번도 노출되지 않은 사람들에게서도 코로나19 바이러스에 대한 기억 T세포 반응이 나타난다는 연구 결과들이다. 어떻게 코로나19 바이러스에 걸리지 않은 사람들에게 기억 T세포가 존재할까?

비밀은 감기를 일으키는 코로나 바이러스에 있는 것으로 보인다. 앞서 감기의 원인이 되는 여러 가지 바이러스 중에는 감기 코로나 바이러스도 있다고 언급했다. 감기 코로나 바이러스는 코로나19 바이러스와는 다른 바이러스지만 크게 보면 동일한 코로나 바이러스에 속하기에 친척 사이라고 할 수 있다. 그리고 친척 바이러스다 보니 단백질 구성에서도 어느 정도의 유사성이 있다.

이런 바이러스 간의 유사성 때문에, 감기 코로나 바이러스에 대한 감염 경험을 흔하게 가지고 있을 경우 코로나19 바이러스에도 반응할 수 있는 기억 T세포가 존재하는 것이다. 이런 경우를 면역학에서는 교차 면역반응이라고 한다. 감기 코로나 바이러스 때문에 형성된 기억 T세포가 조금은 유사한 코로나19 바이러스에 대해서도 면역반응을 나타내는 것이다.

그렇다면 최근에 감기 코로나 바이러스에 걸린 적이 있는 사람은 코로나19 바이러스에 걸리더라도 더 약한 감염을 겪게 될까? 매우 흥미로운 질문이지만 현재까지 정답은 알 수 없다. 면역의 문제는 간단한 원리와 달리 실제로는 매우 복잡한 문제가 얼기설기 엮여 있기 때문이다.

최근 뉴스를 보면, 코로나19 바이러스의 변이에 대한 이야기가 많이 나온다. 코로나19 백신이 개발되어 세계적으로 접종을 하기 시작했는데, 변이 바이러스가 나오면 백신이 무용지물이 될지 모른다는 염려다.

실제로 어떤 회사의 백신은 남아공에서 생긴 변이 바이러스에 대한 예방 효과가 크게 떨어진다는 뉴스가 전해지기도 했다. 스파이크 단백질 부분에 변이가 일어날 경우 백신으로 생성된 중화항체가 더 이상 코로나19 바이러스의 세포 침투를 막아주지 못한다는 이야기다. 그렇다면 우리는 코로나19 바이러스의 변이에 속수무책으로 당해야만 할까?

바이러스 면역학자의 시각에서 봤을 때, 우리가 한 가지 간과하고 있는 것이 바로 앞서 이야기한 T세포다. 면역학계에 T세포의 존재가 알려진 지는 이미 꽤 시간이 흘렀지만, 백신을 개발하는 백신 회사나 이를 활용하는 방역 당국은 아직도 중화항체만을 주로 의식하고 T세포는 생각하지 않는 경향이 강하다.

하지만 만약 T세포를 고려한다면 우리는 변이 바이러스에 대해 조금은 더 여유를 가질 수 있다. 왜냐하면 중화항체는 바이러스 단백질에서도 좁은 한 부분에만 집중적으로 결합하는 특성이 있는 반면, T세포는 바이러스 단백질 내에서도 여기저기 다양한 부분을 인식하는 경향이 있기 때문이다. 이 이야기는 바이러스가 설사 변이를 일으킨다 하더라도 T세포의 감시망을 완벽히 빠져나가기는 힘들다는 의미다.

물론 T세포를 고려했을 경우 변이 바이러스의 출현에 대해 조금 덜 걱정해도 되는 대신 양보해야 하는 것도 있다. 백신의 예방 효과에서 중화항체가 주 역할을 한다면 바이러스에 감염되지 않게 하는 효과가 크겠지만, T세포가 주 역할을 한다면 감염을 막는 것이 아닌 중증으로 진행되지 않고 빨리 회복되게 하는 효과로 만족해야 할지 모른다.

이는 앞서 자세히 설명한 중화항체와 T세포의 작동 원리를 생각해보면 그 이유가 추론된다. T세포는 세포가 바이러스에 감염되는 것을 막는 것이 아니라, 바이러스에 감염된 세포를 빨리 제거해 바이러스의 증식을 억제하는 역할을 하기 때문이다.

이런 점들을 종합적으로 생각해본다면, 코로나19의 미래 시나리오도 어느 정도 그려진다. 현재 개발된 백신이 전 세계적으로 접종되는 와중에도 변이 바이러스는 계속 나타날 것이다. 그러면 어떤 회사는 재빨리 변이 바이러스에 대한 새로운 백신을 개발하겠지만 이런 끝이 없는 게임을 계속할 수는 없다. 다행인 것은 그러는 동안 많은 사람들이 백신에 의한 기억 T세포를 가지게 될 것이다.

게다가 코로나19 바이러스와 친척인 감기 코로나 바이러스 때문에 이미 꽤 많은 사람들이 백신 접종 전부터 코로나19 바이러스에 반응하는 기억 T세포를 가지고 있을 테니, 백신 접종은 이런 사람들의 기억 T세포를 더욱 강화시킬 것이다.

이러다 보면 코로나19는 지구상에서 사라지지는 않더라도, 지금보다 치명률은 점점 낮아지면서 가까운 미래에는 가벼운 감기의 일종으로 인류에게 남아 있을 것이다. 다만 아직 단언할 수 없는 것은 그 가까운 미래가 언제인가 하는 점이다.

Q

내 인생을
위한
질문

특이성과 기억 현상은 항체와 T세포가
우리 몸을 지키는 기본 원리다.
우리의 삶에서 특이성과 기억 현상은
또 어디에서 발견되는가?

A

나만의 답을
적어보세요

4강 ✕

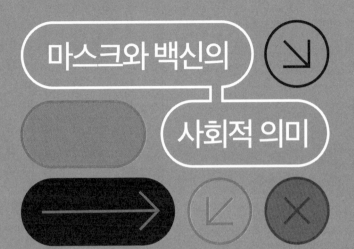

마스크와 백신의 사회적 의미

나 이외의 모든 사람은
나의 환경이고,
나 또한 상대방의 환경이다.
그러므로 나의 면역은
타인의 면역과 연결된다.

역사상 단 하나의 완벽한 백신

"홍역 치뤘다 생각해." 힘든 일을 겪은 사람에게 위로의 의미로 건네던 관용적인 표현이다. 면역학의 원리는 몰라도, 한 차례 앓고 나면 일생 동안 다시는 겪지 않는 홍역의 특징을 경험적으로 알고 있기 때문이다. 오늘날에는 효과좋은 백신이 개발되어 감염되는 경우가 거의 없으나, 과거에만 하더라도 홍역은 어린 시절 으레 한 차례 앓는 병으로 여겨졌다. 서양도 마찬가지였다. 감염되었더라도 회복한 뒤에는 재감염되지 않는 감염성 질환이 있다는 것을 경험으로 알고 있었다.

　오늘날 백신에는 바로 이런 원리가 과학적으로 반영

되어 있다. 면역반응은 진행 과정상으로 봤을 때 크게 1차 면역반응과 2차 면역반응으로 구분된다. 1차 면역반응은 몸속에 어떤 바이러스나 세균 등 외부의 병원성 미생물이 처음 침입했을 때 일어나는 면역이다. 이때는 항체나 T세포가 활성화되어 작동하기까지 적어도 5~6일이 소요된다. 그 시간 동안 병원성 미생물의 증식으로 병증이 나타난다.

2차 면역반응은 감염으로부터 회복되고 시간이 흐른 다음 또다시 동일한 바이러스나 세균에 의해 감염될 경우 작동한다. 이때는 1차 면역반응만큼의 시간이 걸리지 않는다. 곧바로 빠르고 강한 반응이 나타난다. 1차 면역반응이 느리고 약한 것에 비해 2차 면역반응은 재빠르고 강력한 특성을 지닌다.

인류사에 큰 전환점이 된 바이러스 중 하나를 꼽으라고 한다면 천연두天然痘를 들 수 있다. 최근에는 이를 일본식 한자어라고 해서 두창痘瘡이라는 말로 부르기도 하는데, 과거에는 마마라고도 했다. 두창은 재러드 다이아몬드Jared Diamond의 명저 『총, 균, 쇠Guns, Germs, and Steel』에서 문명의 발달을 좌우했던 세 가지 요소로 꼽은 총, 균, 쇠 중 균에 해당하는 것이다. 인류 역사상 수많은 사망자를 발생시킨 전염력 강한 바이러스다.

다이아몬드에 따르면 크리스토퍼 콜럼버스Christopher Columbus를 비롯한 스페인 사람들이 아메리카 신대륙을 발견한 후 정복할 때 원주민들을 무력화시킨 것은 총과 칼 같은 무력보다 두창 바이러스였다. 아시아나 유럽과 같은 구대륙에만 존재하던 두창 바이러스가 정복 과정에서 사람 간의 접촉을 통해 아메리카 신대륙으로 전파된 것이다. 이전에 두창 바이러스를 전혀 경험하지 못한 신대륙 원주민들에게는 이에 대한 면역이 존재하지 않았고, 그 결과 빠른 전파가 일어나 많은 수의 원주민들이 사망했다.

그 후 1700년대 후반 영국의 의학자 에드워드 제너 Edward Jenner의 종두법 개발은 두창의 역사에서 중요한 기점이 되었다. 그전까지 두창 바이러스는 가장 강력한 감염성 질환이었다.

당시 사람들은 두창에 걸렸다가 자연 회복된 사람들은 다시 두창에 걸리지 않는다는 사실을 경험적으로 알았다. 이에 과학적으로는 타당하지만 상당히 위험한 방식으로 예방을 시도하기도 했다. 실제로 중국에서는 두창 환자의 딱지를 가루로 만들어 흡입시키는 방식으로 두창을 예방하려고 했다는 기록이 있다.

그런 상황에서 제너는 우두牛痘 바이러스에 감염되었던 사람은 두창에 걸리더라도 병증이 매우 약하다는 사실을 관찰했고, 그로부터 1796년 종두법을 개발하게 된다. 두창 바이러스는 인간에게 질병을 일으키는 바이러스지만, 이와 유사한 친척 바이러스인 우두 바이러스는 소에게 질병을 일으키는 바이러스다. 소에게 적응을 한 바이러스이기 때문에 사람에게 우두 바이러스가 전염될 수는 있어도 그렇게 심한 질환을 유발하지는 않는 것이다.

당시 제너는 우두에 감염된 사람의 물집을 채취해 건강한 아이에게 접종하는 실험을 한다. 이것이 오늘날 종두법의 시작이다. 가스통 멜린게Gaston Mélingue의 1796년작 그림을 통해 당시에 실제 종두법을 시행하는 모습을 엿볼 수 있다.

그림 오른쪽에 있는 소녀가 손을 붕대로 감고 있는 모습은 이 소녀가 우두에 걸린 소녀이고 그녀의 손에 있는 물집을 채취했다는 것을 짐작하게 해준다. 현대사회에서는 사용하지 않는, 다소 위험한 방법이지만 경험으로부터 면역학의 원리를 깨달은 과거 사람들의 지혜가 처음으로 체계화된 사례라고 할 수 있다.

우리나라는 지석영 선생이 일본에서 종두법을 배워와

아이에게 종두법을 시행하는 에드워드 제너

1879년 처음으로 접종을 하기 시작했고 1961년 이후 단 한 명의 환자도 나타나지 않았다. 우리나라뿐만 아니라 전 세계적으로도 1977년 소말리아에서의 감염 사례가 마지막인 것으로 전해진다.

이로써 세계보건기구는 두창 바이러스의 박멸을 공식 선포했고, 두창 바이러스는 지구상에서 인류가 처음으로 박멸한 바이러스가 되었다. 성공적인 백신 개발과 보급을 통해 한 종류의 바이러스를 완전히 절멸시킨 것이다. 여기에는 두창 바이러스의 변이 정도가 다른 바이러스보다 크지 않다는 점이 크게 작용했다. 변이 정도가 심한 바이러스의 경우 백신을 개발해 주사했다 하더라도 면역반응으로부터 벗어날 수 있기 때문이다.

이후 세계보건기구가 차기 박멸 대상으로 삼은 바이러스는 소아마비 바이러스라고도 하는 폴리오 바이러스였다. 주로 소아에 감염되어 근육의 마비를 초래하는 폴리오 바이러스는 대부분의 지역에서는 사라졌으나, 아직 아프리카 등 일부 지역에서는 환자가 발생하기도 한다. 전 세계적인 박멸에는 아직 이르지 못한 것이다. 결국 두창 바이러스 이후 인류가 박멸한 바이러스는 아직까지 한 종류도 추가되지 못했다.

파스퇴르가 연 백신 황금기

세균학의 창시자 코흐, 그의 제자로 항혈청 치료법을 개발해 제1회 노벨 생리·의학상을 수상한 폰베링, 종두법의 아버지 제너는 세계 의학사를 바꾼 위대한 과학자들 중 절대 빼놓을 수 없는 인물들이다.

그리고 여기에 한 사람을 더 추가하자면 미생물학과 백신의 아버지로 불리는 프랑스의 루이 파스퇴르Louis Pasteur가 있다. 시기적으로 제너는 1700년대 후반에서 1800년대 초반, 코흐와 폰베링은 1800년대 후반에서 1900년대 초반에 활동한 과학자들로, 파스퇴르를 통해 그 사이의 시간인 1800년대 중후반의 의학사적 전환 시기를 살펴볼 수 있다.

파스퇴르는 발효에 대한 연구를 시작으로 여러 미생물 연구를 수행하며, 감염성 질환과 병원성 미생물의 인과관계를 바탕으로 백신의 원리를 확립했다. 현재 흔히 사용하는 백신vaccine이라는 용어도 제너의 종두법을 기리기 위해 파스퇴르가 붙인 명칭이다.

파스퇴르는 닭 콜레라 감염 연구 과정에서 백신의 기본적인 원리들을 알아가기 시작했다. 콜레라균을 시험관에서 키우는 과정에서 시간이 지날수록 균이 약해지는 것을 발견한 파스퇴르는 약독화된 콜레라균을 만들어서 주사함으로써 심각한 질병은 유발하지 않으면서 면역반응을 유도할 수 있다는 것을 깨달았다. 그 결과 1879년 약독화된 콜레라균에 의해 면역반응이 생긴 닭은 진짜 콜레라균에 감염되어도 죽지 않는다는 사실을 실험을 통해 입증한다.

또한 당시 프랑스 목축업의 문제였던 탄저병에 대한 백신도 개발한다. 1881년 푸이 르포르 목장에서는 신문기자들을 앞에 두고, 백신을 맞힌 양과 그렇지 않은 양을 대상으로 실제 탄저균을 감염시키는 공개 실험을 진행하기도 했다. 실험이 실패할 경우 지금까지의 명성에 금이 갈 수 있는 무모한 행동이었지만, 결과적으로 실험은 성공적이었고 이후 파스퇴르의 명성은 더욱 높아졌다. 파스퇴르의 일련의 연구들을 통해 백신의 기본 원리들이 확립되기 시작했다.

이후 파스퇴르는 1885년에 광견병rabies 바이러스 백신을 개발한다. 그러나 직접 사람에게 주입할 수 없다는 문제에 직면해 있었는데, 때마침 광견병에 걸린 개에 물린 조제프 메스테르Joseph Meister라는 소년과 그의 어머니가 연구실로 찾아온다. 더 이상의 방법을 찾을 수 없었던 그들은 파스퇴르에게 호소했고 망설이던 파스퇴르는 광견병 백신을 놓는다. 그리고 며칠이 지나도 소년에게서는 광견병 증세가 나타나지 않았다.

이런 업적을 인정받아 프랑스 정부의 지원으로 파스퇴르연구소가 설립되었으며, 파스퇴르는 초대 소장으로 취임한다. 재미있는 것은 광견병을 치료받은 소년이 나중에 파스퇴르연구소의 관리인이 되었다는 사실이다.

제너의 종두법과 이를 더욱 확장한 파스퇴르의 백신, 코흐의 세균학과 폰베링이 밝힌 면역반응 원리로부터 시작된 면역학과 백신학을 바탕으로 1950~60년대에는 백신 황금기가 도래한다. 오늘날 전 세계의 신생아들이 기본적으로 예방접종하는 폴리오, 홍역, 이하선염, 풍진 백신은 1955년, 1963년, 1967년, 1969년에 순차적으로 개발되었다. 이 중 홍역, 이하선염, 풍진 백신은 묶어서 함께 접종되기에 MMR 접종이라고 부른다.

미국 통계에 따르면 백신 개발 전에는 수만 명에서 수십만 명에 육박하던 이들 바이러스 질환자는 백신 접종 이후 급격히 감소해 오늘날에는 거의 발생하지 않는다.

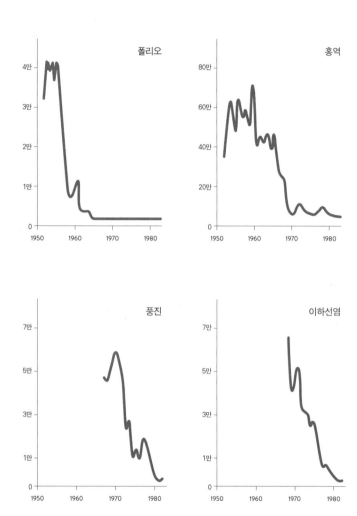

백신 접종 후 미국의 바이러스 질병 감소 추이

완벽한 백신을 만드는 일은 왜 어려울까

인간에게 질병을 일으키는 바이러스와 세균의 종류는 너무나도 많고 특성도 다양하기에, 이를 배우는 미생물학은 의대생들이 가장 싫어하는 과목 중에 하나다.

그런데 이토록 다양한 바이러스들과 세균들의 목록을 보고 있자면 한 가지 의문이 든다. '감염성 질환을 예방하는 데 백신이 그토록 효과적이라면 왜 어떤 바이러스나 세균에 대해서는 백신을 개발하지 않은 것일까?' 그리고 그 이유를 자세히 살펴보면 백신을 개발하지 않은 경우도 있지만, 하지 못한 경우도 있다는 것을 알 수 있다.

어떤 바이러스나 세균은 인간에게 질병을 일으키기는 하지만 너무 드물게 일어나서 백신 개발의 동력이 약한 경우가 있다. 이런 바이러스에 대해서는 백신 개발을 안 한 것이라고 할 수 있다.

하지만 인간에게 비교적 흔하게 질병을 일으키지만 백신 개발을 아직 못 한 경우도 꽤 많다. 대표적으로 후천성면역결핍증을 일으키는 HIV, 그리고 C형 간염을 일으키는 HCV가 있다. 그리고 바이러스나 세균이 아닌 원충 감염에 의한 질병이기는 하지만 말라리아malaria도 아직 백신이 없다. 그리고 세균 감염에 의한 질병인 결핵의 경우에도 BCGBacillus Calmette-Guérin라는 백신을 접종하고는 있지만, 결핵균의 감염을 예방하는 효능은 현저히 낮은 것으로 알려져 있다.

그렇다면 왜 어떤 바이러스나 세균에 대해서는 비교적 쉽게 백신을 개발한 반면, 어떤 것들에 대해서는 백신을 아직 개발하지 못한 것일까? 가장 중요한 이유는 앞서도 언급한 병원성 미생물들의 변이다. 특히 HIV나 HCV 같은 바이러스들은 그 변이 속도가 매우 빠르기 때문에 일단 백신을 개발해 접종한다 하더라도 금방 무용지물이 된다. 이런 경우 T세포의 면역 작용에 기대볼 수도 있겠지만 이마저도 성공을 거두지는 못했다.

변이와 관련해 말라리아는 조금 색다른 면을 가지고 있다. 말라리아는 바이러스나 세균보다는 조금 더 고등한 생명체인 원충에 의한 감염성 질환이다. 그런데 말라리아 원충은 모기를 통해 사람 몸속에 처음 들어올 때, 간에서 존재할 때, 적혈구에서 존재할 때 제각기 다른 형태로 존재한다. 이렇게 한 생명체가 변화무쌍한 여러 가지 형태를 지니니 백신을 개발한다고 하더라도 면역반응이 대응하기 힘든 것이다.

결핵은 조금 다른 경우다. 앞서 설명했듯이 결핵균은 우리 몸에 들어온 후 면역세포의 일종인 대식세포에 의해 잡아먹힌다. 원래 보통의 세균이라면 대식세포에 의해 잡아먹히면 대식세포에 의해 죽임을 당하고 소화가 된다. 그런데 결핵균은 대식세포에 의해 잡아먹혀도 죽기는커녕 오히려 대식세포 안을 은신처로 삼아 생존하고 증식할 수 있는 능력을 가졌다.

일단 세포 안으로 들어갔으니 항체는 더 이상 소용이 없고 T세포가 작동을 해야 한다. 이에 의해 어느 정도 제어가 되면 결핵균은 활발히 증식하지는 못하고 잠복 결핵의 상태로 있게 된다. 그러다 면역반응에 문제가 있으면 활발히 증식하면서 활동성 결핵으로 발병한다. 이렇게 결핵균은 은신하는 방식으로 면역반응으로부터 도망가기 때문에 효과가 좋은 백신을 개발하기 어려운 것이다.

그러면 코로나19 바이러스는 어떨까? 백신을 개발하기 어려운 바이러스일까, 아니면 쉬운 바이러스일까? 이미 백신이 개발된 상황에서 결과를 보고 이야기하는 것이기는 하지만, 백신을 개발하기 그리 어려운 바이러스였다고 할 수는 없다.

다만 전 세계가 코로나19 팬데믹으로 봉쇄나 사회적

거리두기를 하면서 초조하게 기다려온 백신이기 때문에 착시 현상이 있었던 것이다. 개발을 시작한 지 채 1년이 되지 않아 효과가 90퍼센트 이상인 백신을 개발한 것은 인류 역사상 유례없는 성공이다.

집단 면역, 우리는 서로의 환경이다

여기에서 한 가지 의문이 생길 수 있다. 백신 접종으로 면역을 얻는 것은 각자의 몸속에서 일어나는 일인데, 왜 개인의 선택을 넘어 사회적으로 권고하고 규제받아야 하는 것일까? 일례로 아이들이 초등학교에 입학할 때 백신 접종 이력을 요구하지 않는가? 그리고 코로나19 팬데믹 상황에서는 '면역 여권'이라는 말도 나오고 있지 않은가? 이는 백신에 담긴 사회 집단적 의미를 묻는 질문이기도 하다.

이와 관련해 빼놓을 수 없는 개념이 집단 면역이다. 집단 면역은 한 인구 집단의 상당수가 특정 감염성 질환에 면역을 가진 상태가 되면 설사 면역이 없는 개체라 할지라도 간접적으로 보호받을 수 있다는 의미다.

즉 어떤 바이러스를 경험하지 못해 감염에 취약할 수

있는 개체가 있더라도 주변 사람들이 모두 면역을 가지고 있다면 그 집단에서는 바이러스의 전파가 잘 이뤄지지 않고, 이에 따라 취약한 개체도 보호를 받을 수 있다는 개념이다.

본래 집단 면역의 개념은 수의獸醫 분야에서 발달한 것으로 알려져 있다. 집단 면역의 원리대로라면, 많은 가축을 키우는 목장의 경우 감염이 번지지 않는 최소한의 비율에만 백신을 접종하면서도 전체의 면역반응을 기대할 수 있다. 집단 면역이란 시간과 비용 모두를 절약하는 전략인 것이다.

집단 면역은 코로나19 팬데믹 상황에서 상당히 많이 회자되었다. 팬데믹 초기에 스웨덴은 사회 활동의 제한을 최소화하고 집단 면역을 달성함으로써 코로나19 유행을 극복하려 했다. 코로나19 백신이 아직 개발되지 않은 당시에, 코로나19 바이러스가 어느 정도 사회에서 전파되는 것을 허용함으로써 자연적으로 회복하고 면역을 획득하는 사람들의 숫자가 늘어나기를 바란 것이다. 만약 이 계획이 성공한다면 설사 백신이 없다 하더라도 자연 회복에 의한 면역 보유자가 많을 것이므로 백신을 맞은 것과 동일한 효과를 가질 수 있었을 것이다.

🧍 건강하지만 항체 및 기억면역이 없는 사람

🧍 건강하고 항체 및 기억면역이 있는 사람

🧍 감염된 사람

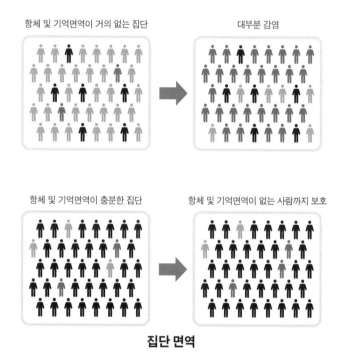

항체 및 기억면역이 거의 없는 집단 → 대부분 감염

항체 및 기억면역이 충분한 집단 → 항체 및 기억면역이 없는 사람까지 보호

집단 면역

면역의 사회적 의미가 담긴 집단 면역의 원리

하지만 상황을 통제할 수 없는 현실에서 감염을 통해 집단 면역을 이루려는 목표는 무리였다. 실제로 스웨덴에서는 고령자들이 많이 감염되면서 사망률이 치솟는 결과가 초래되었다고 한다.

이런 상황에서 2020년 12월에 코로나19 백신들이 임상시험을 통과해 접종되기 시작하면서, 백신을 통해 코로나19에 대한 집단 면역을 형성하고 팬데믹을 종식시킬 수 있을 것이라는 기대감이 올라가고 있다. 이를 위해 인구 집단의 몇 퍼센트가 백신을 맞아야 하는지 등의 현실적인 계산 또한 이뤄지고 있다. 백신 접종이야말로 집단 면역을 형성하는 가장 확실하고 바람직한 해결책이라고 할 수 있다.

미국의 저널리스트 율라 비스Eula Biss의 저작 『면역에 관하여On Immunity』는 면역을 주제로 한 훌륭한 에세이다. 반지성주의의 산물이라고 할 수 있는 백신 거부 운동은 실제로 미국 사회에 계속해서 영향을 미치고 있다. 면역학 비전공자인 비스는 자녀를 낳아 양육하는 과정에서 백신에 대해 생각하기 시작했고, 관련 취재와 깊은 사유를 바탕으로 책을 완성했다.

이 책을 관통하는 핵심적인 메시지는 우리 각각이 가

지는 감염이나 백신 접종의 경험은 개개인에게만 영향을 미치는 것이 아니라 서로에게 영향을 미친다는 것이다. 비스에 따르면 면역이라는 관점에서 우리 모두는 서로에게 환경이다.

> 우리는 늘 서로의 환경이다. 면역은 (…) 우리가 함께 가꾸는 정원이다.

즉 비스가 통찰한 면역은 우리 각자가 가진 면역이기도 하지만 우리 사회가 가지는 면역이기도 한 것이다. 이는 집단 면역의 개념과 일치한다. 우리는 보통 환경이라 하면 자연이나 도시 등 내가 있는 곳의 공간적인 외부 요인들을 떠올리지만, 사람을 하나의 개체 단위로 보면 나 이외의 모든 사람은 나의 환경이 된다. 이는 반대로, 나 또한 상대방을 중심으로 보면 누군가의 환경이 된다는 것을 의미한다.

즉 백신을 접종하느냐 하지 않느냐는 개인 선택의 문제를 떠나 우리 사회의 문제인 것이다. 이는 백신이 지닌 사회 집단적인 의미를 시사한다. 마치 국방의 문제가 개개인의 목숨과 안전, 재산을 지키기 위한 것이기는 하지만 결국 국가 전체가 준비해야 하는 것과 마찬가지인 것이다.

면역은 공공의 공간이다.

한 사람의 면역은 또 다른 사람의 면역과 직결될 수밖에 없다는 이 메시지는 백신을 생각하면 쉽게 이해할 수 있다. 그리고 이는 코로나19 팬데믹의 경험 속에서 또 다른 수준의 의미를 지닌다. 바로 마스크다.

아직 백신 접종이 모두 이뤄지지 않은 상황에서 마스크는 다소 원초적이기는 하지만 가장 효과적인 감염 차단 방법이다. 즉 마스크는 서로가 서로의 안전한 환경이 되어주기 위한 안전장치라고 할 수 있다. 게다가 눈에 안 보이는 면역에 비해 마스크 착용 여부는 눈에 쉽게 띄기 때문에 우리 서로가 서로의 환경이라는 것을 직접 체감할 수 있다.

자본주의 사회에서는 사람 간에도 눈에 보이지 않는 물질적 장벽이 존재한다. 그러나 코로나19에 대해서만큼은 우리 모두 상호 영향을 주는 관계고 여기에서는 어떤 구별도 필요하지 않다. 코로나19 앞에서는 재물의 정도,

권력의 유무를 떠나 모두 바이러스 숙주가 될 수 있는 신체를 가진 개체일 뿐이고, 모두가 서로에게 영향을 줄 수 있는 환경으로 존재한다.

우리 몸은 독립적이면서도 의존적이다.

그런 의미에서 백신, 그리고 마스크를 나의 건강을 위한 선택적 수단이 아닌, 사회 모두의 안녕을 위한 기본적인 필수품으로 받아들이는 태도가 필요하다.

백신 거부와 인간의 본능

개인의 건강뿐만 아니라 사회 집단의 안전을 위해서도 반드시 필요한 백신, 그러나 일부에서는 이를 반대하는 움직임을 보이기도 한다. 1998년 영국의 의사 앤드류 웨이크필드Andrew Wakefield는 저명한 의학지 「란셋The Lancet」에 MMR 백신이 자폐증을 일으킬 수 있다는 논문을 발표했다. 이에 많은 언론들은 앞다퉈 이를 기사화했고 급기야 백신 거부 운동으로까지 이어진다.

결국 2010년 「란셋」은 연구가 정당한 방법으로 수행되지 않았다는 이유로 논문을 철회하지만,[2] 이런 사실은 잘 알려지지 않았고 오늘날까지도 미국을 비롯한 여러 나라에 영향을 주고 있다. 실제로 미국에서는 2019년 300명 이상의 홍역 환자가 발생했으며, 세계보건기구에 의해 홍역 퇴치국으로 인정받은 우리나라 또한 홍역 환자가 발생해 그 이름이 무색해졌다.

　　사실 백신 거부 운동은 역사적으로도 뿌리가 깊다. 제너의 종두법을 두고도 우두 바이러스를 접종받으면 소가 된다는 미신이 있었고, 이를 풍자한 만화도 있었다. 다음의 그림을 보면 접종받는 여자 주위로 사람들이 동물처럼 변해 있다. 어쩌면 이전에 없던 방식의 새로운 기술을 접했을 때 보일 수 있는 인간의 자연스러운 반응이라고도 할 수 있다. 뿐만 아니라 여기에는 내 몸의 통제권을 누가 가지는지에 대한 이념 또는 철학적 문제가 내포되어 있기도 하다.

　　이제 백신은 인류가 바이러스나 세균에 대항해 싸우는 과학적 차원만의 문제가 아니다. 백신을 어떻게 사용해야 상호 영향을 주고받는 우리 모두에게 이로울지 전 세계의 사회 구성원 전체가 함께 고민해야 하는 문제다.

제너의 종두법에 대한 당시의 거부감을 보여주는 풍자만화

이런 논의는 코로나19 백신의 접종과 관련되어 더욱 활발해질 것이다. 만약 대중이 코로나19 백신 접종을 협조하지 않고 거부한다면 어떻게 해야 할까? 그런 상황에서도 집단 면역 달성이 가능할까? 참 여러 가지로 쉽지 않은 질문들이다.

코로나19 백신 접종과 관련해 국내에서 진행된 설문조사 결과는 이런 우려가 현실이 될 수 있다는 것을 보여준다. 자신이 접종받을 차례가 되면 바로 맞겠다는 사람들도 많았지만, 다른 사람들이 맞는 것을 조금 지켜본 뒤 맞고 싶다는 사람들도 의외로 꽤 되었다. 아마도 아직 부작용 등의 안전성 문제가 해결된 것처럼 느껴지지 않는 것이 원인으로 추측된다.

다만 바이러스 면역학자로서 한 가지 강조하고 싶은 것이 있다. 백신은 막대한 비용과 시간을 들여 세 차례의 임상시험을 통해 개발되고, 이런 과정은 미국 식품의약국이나 식약처와 같은 기관의 감독과 허가하에 진행된다. 바로 이 모든 임상시험의 과정이 '다른 사람들이 맞는 것을 조금 지켜보는 과정'과 마찬가지다.

이런 백신 거부를 완화하기 위해서는 다각도의 노력이 필요하다. 백신 거부를 단순히 대중의 무지만으로 치부하는 것은 옳지 않다. 정부나 의료 당국은 철저한 근거를 바탕으로 신뢰를 쌓고, 백신의 개발과 보급, 이해를 위해 힘써야 할 것이다. 최근 한국에서 보여진 바와 같이 정파적 이해관계에 따라 쓸데없이 백신에 대한 불안을 조장하는 것도 절대 있어서는 안 될 일이다.

언론도 중요한 역할을 해야 한다. 불필요한 사회적 소모가 일어나지 않도록 원칙에 입각한 사실 보도를 해야 할 것이다. 여기저기에서 튀어나오는 갖가지 말들을 언론이 모두 기사화하는 것이 능사가 아님을 주지해야 한다.

하지만 가장 중요한 것은 대중이 과학적 · 합리적 사고로 무장하는 것이다. 사회 전반에 과학을 바탕으로 한 의사결정의 풍토가 조성되어야 비로소 현명한 개인들이 서로의 안전한 환경이 되어주는, 사회적 차원으로서의 백신이 효과를 발휘할 것이다.

Q
내 인생을
위한
질문

백신은 내 몸을 지켜 우리 사회를 변화시킨다.
그렇다면 백신은 개인적인가, 사회적인가?
내 몸의 통제권을 지키면서도 사회 전체를
위하는 방법에는 또 무엇이 있을까?

A
나만의 답을
적어보세요

5강

면역계에 묻다,

어디까지가 나인가

어쩌면 인간은
태생적으로 나와 다른 것을
배척하는 존재인지도 모른다.
하지만 현대 면역학을 통해
나와 남의 구분은 재정의되었다.

나와 남을 구분한다는 것

면역이란 외부에서 침입한 바이러스나 세균 등의 병원성 미생물에 맞서는 우리 몸의 저항반응이다. 따라서 제대로 된 면역반응은 내 몸이 아닌 외부 요인에 대해서만 작동해야 한다.

앞서 코로나 바이러스가 우리 몸속에 침투해 세포에 감염을 일으키는 과정을 이야기했다. 그리고 이런 바이러스뿐만 아니라 세균, 곰팡이와 같은 병원성 미생물에 감염된 사람은 회복되는 과정에서 몸속에 항체를 가지게 된다는 이야기도 여러 차례 반복했다. 피에 녹아 있는 중화 항체가 바이러스의 세포 감염을 차단하는 것이다.

코로나 바이러스의 경우 중화항체가 스파이크 단백질과 세포 표면 수용체 단백질인 ACE2의 결합을 막는다고 이야기했다. 이는 백신을 접종한 사람에게서도 마찬가지다.

이때 중화항체는 특이성이라는 면역반응의 기본 원리에 따라 작동하므로 코로나의 중화항체는 코로나 바이러스에 대해서만 기능한다. 인플루엔자의 중화항체와 디프테리아 독소의 중화항체 모두 각각의 바이러스와 세균 독소에 대해서만 작동하는 것도 같은 원리다. 모두 앞서 설명한 개념이다.

그렇다면 내 세포나 단백질에 대해 특이성을 가지는 항체가 있다면 어떻게 될까? 사람들은 내 세포나 단백질에 면역반응이 일어나면 안 된다는 사실을 실험적인 근거 없이도 이미 직관적으로 알고 있었다. 면역학의 개념이 발전하기 시작한 1900년대 초반의 일이었다. 만약 내 세포나 단백질에 면역반응이 일어난다면, 그것은 질병이 될 것이기 때문이다.

그 당시 독일의 저명한 면역학자이자 세균학자 파울 에를리히Paul Ehrlich는 이런 상황을 자가독성autotoxicus이라고 불렀다. 오늘날 자가면역질환이 바로 그런 질병이다.

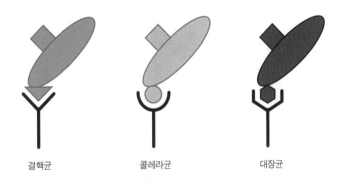

| 결핵균 | 콜레라균 | 대장균 |

세균의 종류를 구분하는 특이성의 원리

즉 면역이란 어디까지가 나인지, 나와 남을 구분하는 명제 아래에 있다. 이에 따라 면역반응의 원리를 처음 발견한 과학자들은 그 중요성을 인식하고, 여러 이론을 통해 이를 더욱 정교한 학문의 체계 속에서 발전시켜왔다.

나와 남을 구분하는 원리를 조금 더 깊이 이해하기 위해 항체의 특이성에 대해 다시 상세히 알아보자. 위의 모식도는 항체가 병원성 미생물과 결합하는 것을 그린 것이다. 각각이 결핵균, 콜레라균, 대장균Escherichia coli이라면 서로 다른 균인 만큼 다른 색으로 표현할 수 있다.

그리고 각각의 세균들이 고유로 가지는 단백질은 삼각형, 동그라미, 육각형으로 구분했다. 이때 특이성이라는 원리에 따라 결핵균에는 삼각형, 콜레라균에는 동그라미, 대장균에는 육각형의 항체가 결합해 면역반응을 일으킨다. 즉 A균에는 A항체, B균에는 B항체, C균에는 C항체만 작용하며, 이는 T세포도 유사하다.

그렇다면 앞서 질문한 바와 같이 내 세포나 단백질에 특이적으로 결합하는 항체가 있다면 어떻게 될까? 이에 대한 면역학자들의 답은, 정상적인 사람에게서는 '나'에 특이성을 나타내는 항체는 존재하지 않는다는 것이다.

그 비밀을 면역 관용tolerance이라고 부른다. B세포가 내 물질에 특이적으로 결합하는 항체를 분비할 경우, 그런 B세포는 발생 시기에 제거되어 사라지거나 존재하더라도 항체를 제대로 내지 않는다는 것이다. 이것은 T세포도 마찬가지다. 내 물질에 반응하는 T세포는 발생 시기에 제거되어 사라지거나 존재하더라도 제대로 기능하지 않는다.

즉 면역계는 발달할 때부터 내 물질을 자주 접하므로, 이를 신호로 내 물질에 반응할 여지가 있는 B세포나 T세포를 제거하거나 무력화시키는 것이다. 이런 과정을 거쳐 한 개체가 탄생하면 남아 있는 B세포나 T세포는 결국 내가 아닌 남에 대해서만 반응할 수 있는 것들만 남아 있게 된다.

즉 다양한 B세포나 T세포 중에서 '나'에 대한 것들을 제거해버림으로써 '남'에 대한 것들만 남겨놓는 것이다. 이것이 가장 중요한, 면역계가 나와 남을 구분하는 첫 번째 원리다.

실제로 T세포는 만들어질 때 이렇게 나와 남을 구분하는 과정을 거친다. T세포는 만들어지는 과정에서 흉선 thymus이라는 장기를 거치게 된다. 흉선은 가슴의 가운데에 있는 흉골 아래에 존재하는 장기로서 유소아 때는 그 크기가 크지만 청소년기를 거치면서 급격히 작아져 성인이 되면 흔적만 남는다.

T세포는 애초에 다양한 단백질 조각에 결합할 수 있도록 여러 종류로 만들어진다. 그리고 이들 T세포 중 흉선을 거칠 때 내 단백질 조각과 반응하는 T세포는 선택적으로 제거된다. 따라서 이런 과정을 거치고 살아남은 T세포 집단은 나의 단백질 조각에 반응하지 않고 남의 단백질 조각에만 반응하는 T세포들로 구성되는 것이다. T세포가 흉선에서 만나는 단백질 조각은 흉선에 존재한다는 이유로 나로 인식되기 때문이다.

이런 작동 원리를 두고 면역학자들은 재미있는 실험을 하기도 했다. 생쥐의 흉선에 일부러 어떤 바이러스 단백질이 존재하도록 넣어주면, 그 생쥐에서 나온 T세포들은 해당 바이러스 단백질에 대해서는 면역반응을 일으키지 않는다는 사실을 관찰한 것이다. 나와 남의 구분이 어떻게 일어나는지에 대한 깊은 통찰을 주는 실험이라고 할 수 있다.

내 몸의 세포가 남을 알아채는 방법

우리 몸속의 면역반응 중에는 특이성의 원리와 상관없이 작용하는 것도 있다. 다음의 모식도에서는 결핵균, 콜레라균, 대장균을 다른 식으로 그려봤다. 이번에는 각각이 다른 세균이라는 차이점보다 세균이기 때문에 가지는 공통점에 주목해보자.

사람과 같은 고등동물에는 없지만 세균들은 공통적으로 가지는 구성 물질이 있기 마련이다. 이런 물질들 중 가장 유명한 것이 지질다당류lipopolysaccharide라고 하는 것인데, 그람음성균Gram negative bacillus이라고 하는 세균들의 세포벽에 특징적으로 존재하는 물질이다. 이런 세균의 공통 물질들을 사각형으로 표시했다.

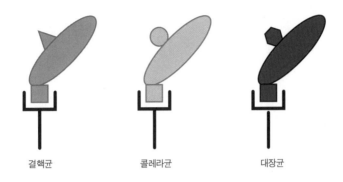

| 결핵균 | 콜레라균 | 대장균 |

톨유사수용체를 이용한 나와 남의 구분

이전부터 세균의 지질다당류는 몸속에서 강한 면역반응을 유발한다는 것으로 알려져 있었지만 그 이유는 1990년대 이전까지 밝혀지지 않았다. 1990년대 중반, 톨유사수용체Toll-like receptor, TLR(이하 TLR)라는 면역 단백질이 발견되었는데 바로 이것이 지질다당류와 같은 세균의 공통 물질을 인식하는 단백질이었다. TLR은 주로 대식세포와 같은 면역세포 표면에 발현을 한다.

대식세포 입장에서는 자신의 TLR에 결합하는 물질이 있을 경우 다음과 같은 신호로 해석하는 것이다. '세균의 종류가 무엇인지는 모르겠지만 아무튼 몸속에 세균이 침입한 것 같은데?' 즉 세균의 종류를 구분하는 특이성은 없지만 병원성 미생물이 침입했음을 알아차리게 해주는 것이다. 바로 이것이 면역계가 나와 남을 구분하는 두 번째 원리다.

다시 말하자면, 항체를 생성하는 B세포나 바이러스 감염 세포를 제거하는 T세포가 특이성의 원리에 따라 작용하는 것과 달리, 대식세포는 결핵균, 콜레라균, 대장균과 같은 세균 각각을 따로 구분하지는 못한다. 이 말은 곧 각각의 세균에 대응하는 대식세포가 따로 있지 않다는 의미다. 대식세포에게는 병원성 미생물인가 아닌가, 즉 나인가 남인가가 더욱 중요한 것이다.

사실 나와 남을 구분한다는 문제는 생각보다 쉽지 않다. 이것은 꼭 면역학만의 문제도 아니다. 이해를 돕기 위해 예를 들어보자. 아주 강력한 쇄국주의 성향을 지닌 어떤 국가에서 자국민 외의 어떤 외국인도 입국하지 못하는 정책을 취하려고 한다.

이때 모든 국민의 얼굴을 기억할 수 있다면 좋겠지만 그 정도로 작은 규모는 아니라면 자국민만이 가질 수 있는 표식을 만드는 것이 하나의 방법이 될 수 있다. 즉 우리나라의 주민등록증과 같이 신분을 증명할 수 있는 수단을 만드는 것이다. 물론 이 경우도 분실이나 위조로 오류가 생길 수 있겠지만 이론상으로는 완벽하다.

대식세포가 나와 남을 구분하는 방법은 바로 정반대의 방식이다. 주민등록증과 반대로, 자국민은 절대 가지고 있을 리 없지만, 외국인은 누구나 가지고 있을 요소를 찾는 것이다. 앞서 설명한 그람음성균의 경우에는 지질다당류가 표식이 되며, TLR을 통해 이들 물질이 존재함을 인식한다.

바이러스의 존재도 동일한 방식으로 인지할 수 있다. RNA 바이러스가 증식을 할 때는 이중가닥 RNA 물질이 생성되는데 이는 정상적인 세포에서는 대개 볼 수 없는 물질이다.

만약 면역 수용체가 이중가닥 RNA 물질의 존재를 인지한다면 바이러스의 종류를 구분하지는 못할지라도, 적어도 RNA 바이러스가 침입했다는 신호는 면역세포들에게 전달할 수 있는 것이다. 이것이 대식세포가 합리적으로 나와 남을 구분하는 방법이다.

이제 대식세포와 TLR의 원리를 쇄국주의 국가의 예에 적용해보자. 만약 이 국가에서 자국민은 쇠붙이를 소지할 수 없게 했다면 쇠붙이는 외국인만 지닌 물질일 것이고, 자석을 이용해 단속할 것이다. 쉽게 말해 쇠붙이가 지질다당류, 경찰이 대식세포, 경찰이 가지고 다니는 자석이 TLR라고 볼 수 있다. 이 비유의 경우에는 누가 외국인인지를 구분하는 일 자체가 중요할 뿐, 한 사람 한 사람이 어느 국가에서 왔는지를 식별하는 것은 고려의 대상이 아니다.

그런데 여기에 더해 외국인 각각이 어느 국가 출신인지를 구분하기까지 해야 한다면 어떻게 할까? 즉 특이성을 유지하면서 나와 남을 구분하는 첫 번째 원리의 상황이다. 항체를 생성하는 B세포나 바이러스 감염 세포를 제거하는 T세포의 작동 방식이 바로 여기에 해당한다. 앞선 쇄국주의 국가의 예를 다시 적용해보자.

해당 국가에 경찰 학교가 있는데 여기에 입학하는 각각의 학생들은 선천적으로 특정 사람들에게 적대감을 보인다고 하자. 다양한 학생들을 입학생으로 받은 다음 가장 먼저 진행할 과정은 자국민들을 모두 접하게 하는 것이다. 이때 만약 자국민에게 적대감을 보이는 학생이 있다면 무조건 탈락된다.

이런 과정을 거쳐 경찰 학교를 졸업한 경찰들은 이제 사회 곳곳에 흩어져 활동하게 되는데, 이들이 자국민에게 적대감을 보일 리는 없다. 그런 성향의 학생들은 이미 모두 탈락되었기 때문이다.

그러므로 경찰들이 순찰을 돌다가 어떤 사람들을 만났을 때 적대감을 느끼게 된다면 그들은 분명 외국인인 것이다. 게다가 어떤 경찰은 A국가 사람에게, 또 다른 경찰은 B국가 사람에게 적대감을 보이는 특이성도 나타낼 수 있다.

이런 방식으로 경찰 학교 졸업생을 선별하는 방법은 교육 과정 중 상당수의 학생을 탈락시켜야 하므로 상당히 소모적이다. 하지만 나와 남을 구분하는 데는 분명 확실한 전략이다.

이런 비유가 다소 작위적으로 느껴질 수도 있겠다. 하지만 항체를 생성하는 B세포나 바이러스 감염 세포를 제거하는 T세포 모두 실제로 이런 과정을 거치는 것이 사실이다. 특히 T세포의 경우 경찰 학교에 해당하는 장기가 바로 앞서 설명한 흉선이다. 실제로 T세포의 T는 흉선의 영문명 첫 글자에서 유래했다. 설명했듯이 흉선에서는 T세포의 발달과 교육이 이뤄지며 그 과정에서 내 단백질 조각에 결합해 반응하는 T세포는 제거되어 흉선 밖으로 나오지 못한다.

나만의 특징을 가져야 하는 이유

지금까지 면역계가 나와 남을 구분하는 두 가지 원리를 설명했다. 첫 번째 원리는 특이성을 가지면서 나와 남을 구분하는 것으로서 B세포나 T세포가 활용하는 방식이고, 두 번째 원리는 특이성 없이 나와 남을 구분하는 것으로서 대식세포가 활용하는 방식이다. 하지만 나와 남의 구분이 면역학에서 상당히 중요한 명제인 만큼, 면역세포는 종류에 따라 또 다른 전략을 사용하기도 한다.

여기에서는 NK세포natural killer cell가 활용하는 세 번째 원리를 살펴보자. 흔히 NK세포라고 부르는 자연살해세포는 이름 그대로 바이러스에 감염된 세포나 암세포를 골라서 죽이는 타고난 킬러 세포다. 25년 전, NK세포가 나와 남을 구분하는 원리가 아직 밝혀지기 전에 클라스 카레Klas Kärre라는 스웨덴의 면역학자는 논문을 통해 NK세포와 관련한 재미있는 비유를 든다.[3] NK세포가 나와 남을 구분할 때, 스웨덴 해군이 외국 잠수함을 탐지하는 것과 같은 전략을 쓸 것이라는 내용이다.

제2차 세계대전 후 미국과 소련을 비롯한 동서 진영의 냉전 시대에는 적지 않은 군사적 긴장이 있었다. 당시 스웨덴은 넓은 영해만큼이나 소련 잠수함들의 잦은 침범을 받았는데, 이를 막기 위해 레이저 탐지에도 많은 비용을 쏟아붓는 등 더 나은 방책을 위해 고심한다. 그러던 중 스웨덴 해군은 어부들에게 자국의 잠수함과 미국, 영국, 소련 등 타국의 잠수함 형태를 교육시키고, 타국의 잠수함을 보는 즉시 보고하도록 하는 신고망을 구축하고자 한다.

그러나 직업 군인도 아닌 어부들이 여러 국가의 잠수함 형태 각각을 구분하는 일은 매우 어려웠고, 결국 신고망은 효과적으로 작동하지 못했다. 이에 스웨덴 해군은 조금 더 쉬운 다른 전략을 택한다. 어부들에게 스웨덴 잠수함의 형태만 명확하게 알려주고 그 외의 다른 잠수함을 보는 즉시 보고하는 방식으로 신고망을 재정비한다. 어떤 국가의 잠수함인지는 이후 해군에서 분석할 몫이었다. 결과는 성공적이었다.

면역반응의 원리에서 봤을 때, 타국의 잠수함 각각을 구분하도록 가르치는 전략에는 특이성이 있지만, 자국의 잠수함만 제대로 인식하도록 교육해서 이외의 잠수함을 신고하게 하는 전략에는 특이성이 없다. 어떻게 보면 덜 고급화된 교육인 듯하지만, 나와 다른 남을 탐지하는 면역의 차원에서만큼은 굉장히 효율적이다.

스웨덴 잠수함 비유는 NK세포의 기전이 밝혀진 후 실제 작동 원리와 매우 유사하다는 것이 알려지면서 다시 주목받는다. 자기 상실 가설missing self hypothesis이라고 불리는 이 가설에 따르면, 정상 세포가 바이러스에 감염되거나 암세포가 되면 나를 나라고 인식하게 하는 분자를 잃어버리게 되고, NK세포는 나라는 신호가 없어진 세포를 공격해 제거하는 것이다. 이때 나를 나라고 인식하게 하는 분자는 앞서 T세포가 바이러스 감염 세포를 인지할 때 이용하는 소위 깃발 단백질, 즉 MHC다.

바이러스 감염 세포는 깃발 단백질을 통해 바이러스 단백질 조각을 전시하면 T세포에 의해, 깃발 단백질을 발현하지 않으면 NK세포에 의해 제거되는 운명을 가진 것이다. 이중의 안전장치가 있는 면역 시스템의 사례라고 할 수 있다.

나를 남으로 인식하면 어떤 일이 벌어질까

인간을 비롯한 동물의 몸속 면역반응은 면역학자의 눈으로 봐도 놀랄 만큼 정교하다. 바이러스나 세균과 같은 병원성 미생물은 나와 남의 구분에서 남에 해당하는 것으로 가장 먼저 떠오르는 것들이다. 맹수처럼 눈에 보이지는 않지만 그에 못지않게 인간의 목숨을 위협하는 존재들이다. 결국 면역 시스템은 인간이 살아남기 위해 생물학적으로 진화한 결과라고 할 수 있다.

그러나 실제 의료 현장에서 접하는 면역반응은 바이러스나 세균에 대한 것만 있는 것이 아니다. 이 말은 곧 나와 남의 구분이라는 면역반응이 비단 바이러스와 세균에만 국한되어 일어나지 않는다는 의미다.

이식수술은 대표적인 예다. 장기를 이식하는 경우, 일란성쌍둥이를 제외하고는 가족이라 하더라도 결국 타인의 장기를 이식받는 것이다. 때문에 몸속에서는 이식한 장기를 나와 구분되는 남으로 인식해서 거부반응이 일어난다. 이를 막기 위해 장기이식을 받은 사람들은 면역 억제제를 복용하는데, 그 때문에 감염에 취약할 수밖에 없다.

이에 최근에는 장기이식을 받은 사람들이 면역 억제제를 복용하지 않더라도 거부반응이 일어나지 않도록 하는 방법도 연구되고 있다. 그중 하나가 장기이식을 골수 이식과 병행하는 것이다. 예를 들어 신장이 망가져 다른 사람의 신장을 이식 받는 경우, 일부러 신장 공여자의 골수도 동시에 이식하는 것이다. 환자의 골수는 별 문제가 없는데도 말이다.

골수가 성공적으로 이식된 후에 환자의 골수에는 원래 자신의 골수세포와 더불어 신장 공여자의 골수세포도 공존하게 된다. 그리고 공존하게 된 양쪽 골수세포로부터 원래 자신의 면역세포와 신장 공여자의 면역세포가 생성된다.

이런 상태를 키메라chimera라고 하는데, 일단 이런 상태가 안정적으로 되면 신장이식을 받은 환자의 몸속에서는 원래 자신의 단백질만이 아니라 신장 공여자의 단백질도 나로 인식하게 된다. 그러면 면역 억제제를 더 이상 복용하지 않아도 거부반응이 일어나지 않는 것이다. 이런 방법을 잘 확립하기 위해 현재 연구가 활발히 진행되고 있다. 나와 남의 구분에 대한 새로운 시각을 제시해주는 사례라고도 볼 수 있다.

그렇다면 면역 시스템이 잘못되어 나를 남으로 인식하게 되면 우리 몸은 어떻게 될까? 의미 그대로 나에 대해서 면역반응이 일어난다. 앞서 언급했듯이 이런 질병을 통칭해 자가면역질환이라고 한다. 쉽게 말해 바이러스나 세균에 대항하도록 설계된 면역반응이 내 세포나 단백질에 대항해 일어나는 것이다. 병원성 미생물에 대한 면역반응의 결과는 감염의 해결을 통한 내 몸의 정상화지만, 나라는 존재에 대한 면역반응은 또 다른 질병의 형태로 나타나는 것이다.

앞서 잠깐 언급한 독일의 면역학자 에를리히는 그 당시 정확한 기전은 몰랐지만, 면역 시스템이 제대로 작동하기 위해서는 나에 대한 면역반응이 일어나면 절대로 안 된다는 점을 강조하며, 이를 자가독성 공포horror autotoxicus라고 명명했다.

자가면역질환의 대표적인 예로는 관절에 염증이 생기는 류머티스관절염rheumatoid arthritis, 온몸에 염증반응이 일어나는 루푸스systemic lupus erythematosus, 피부가 붉어지거나 각질이 일어나는 건선psoriasis 등이 있다. 사람의 피부색을 결정하는 멜라닌세포에 대한 면역반응의 결과로 멜라닌세포가 파괴되면서 피부에 흰색 반점이 생기는 백반증vitiligo 또한 마찬가지다. 이처럼 자가면역질환은 면역반응이 남이 아닌 나의 장기와 세포를 향해 있다.

그런가 하면 알레르기allergy는 조금 다른 대상에 대한 과잉 면역반응이다. 알레르기라고 하면 봄철의 꽃가루나

강아지나 고양이 등 동물 털에 대한 알레르기 또는 침구류에도 흔히 있다고 하는 집먼지진드기에 대한 알레르기가 떠오른다. 그런데 꽃가루, 동물 털, 집먼지진드기의 공통점은 무엇인가?

굳이 따지자면 내가 아닌 남이기는 하지만 병원성 미생물들처럼 감염을 일으키지는 않는, 그리 유해하지 않은 남이다. 이런 유해성이 없는 남에게 쓸데없이 과잉 면역반응을 일으키는 것이 바로 알레르기 질환이다. 알레르기 현상을 의학에서는 과민반응hypersensitivity이라고도 하는데, 우리가 일상생활에서 쓰는 용어와 그리 다르지 않다. 일상생활에서 별일 아닌 일에 예민하거나 화를 내는 사람을 두고 과민반응을 한다고 표현하는 것과 같다.

지금까지 면역반응에서 중요한 나와 남의 구분이란 무엇이며, 어떻게 작동하는지에 대해 알아봤다. 그리고 이 때문에 자가면역질환이 그리 흔하게 생기지는 않는다는 사실도 알 수 있었다.

여기에 이와 관련해 한 가지 더 알아야 할 면역세포가 있는데, 바로 조절 T세포다. 대개 면역세포들이 면역반응을 일으키고 촉진하는 데 기여해 병원성 미생물로부터 몸을 방어한다면, 조절 T세포는 면역반응을 억제하는 데 특화된 기능을 가진다.

조절 T세포는 1995년 일본의 면역학자인 사카구치 시몬坂口志文에 의해 처음 발견되었는데, 조절 T세포가 없을 경우 과도한 면역반응이 제어되지 않기 때문에 자가면역질환을 앓게 된다. 매우 드물게 생기는 질환이기는 하지만 유전적 이상으로 태어날 때부터 조절 T세포가 없는 경우도 있는데, 실제로 이들은 여러 자가면역질환을 앓게 된다.

이외에 많은 자가면역질환 환자들에게서도 조절 T세포의 숫자가 감소해 있거나 활성이 약해져 있는 현상이 보고되고 있다. 조절 T세포가 제대로 기능하지 못해 나에 대한 면역반응이 적절히 억제되지 못한 결과 자가면역질환이 생겼음을 시사하는 연구들이다. 이런 이유로, 조절 T세포를 시험관 내에서 대량 증식해서 자가면역질환 환자의 체내로 넣어주는 치료법에 대한 연구들도 수행되고 있다.

이처럼 나와 남의 구분 전략에 더해 조절 T세포가 존재하기에, 몸속에서는 과도한 면역반응이 억제되고 자가면역질환의 위험도 최소화된다. 하지만 지금까지 살펴봤듯이 나와 남을 잘 구분한다는 것은 면역반응의 기본 명제이면서도 그리 쉬운 일은 아니다.

면역학의 눈으로 세상을 본다면

나와 남의 구분법을 면역학의 영역으로부터 다른 분야로 확장해본다면 비단 의학만의 문제가 아니라는 것을 알 수 있다. 아군과 적군을 어떻게 구분할 것인가 하는 것은 군사 분야에서 현재까지도 여전히 중요한 질문이다. 앞서 설명한 스웨덴 해군의 경우처럼 말이다.

또한 보안 분야도 마찬가지일 것이다. 비밀 자료가 많아 출입이 제한된 어떤 중요한 공간이 있다면 출입 허가를 어떻게 할까? 이것 역시 출입 허가를 가진 '나'와 출입 허가가 없는 '남'을 어떻게 구분할까에 대한 문제다.

출입문에 있는 잠금장치를 열기 위해 비밀번호를 누르거나 출입 카드를 댈 수도 있을 것이고, 지문이나 홍채를 인식하게 할 수도 있을 것이다. 특히 이런 보안과 관련된 방법들은 영화의 상상이 점점 현실화되고 있는 것 같다. 비밀 요원이 나오는 영화들을 보면, 잠금장치를 여는 방식들의 장단점도 다양하다는 것을 새삼 느끼게 된다.

컴퓨터 분야에서는 어떨까? 우리 몸에 침입하는 바이러스처럼 컴퓨터 분야에서도 컴퓨터 주인의 의도와 달리 컴퓨터에 침입한 외부 소프트웨어를 바이러스라고 부른다. 이때 컴퓨터 바이러스는 몸속 바이러스와 마찬가지로 다른 컴퓨터로 전파되는 특성을 지닌다.

컴퓨터 바이러스를 차단하는 프로그램을 백신이라고 표현하는 것도 유사하다. 컴퓨터 백신 프로그램의 경우, 이미 발견된 컴퓨터 바이러스들의 특성을 신속히 파악해 백신 프로그램을 업데이트하는 방식으로 새로운 컴퓨터 바이러스의 출현에 대응한다.

만약 컴퓨터 백신 프로그램이 몸속 면역반응처럼 나와 남을 잘 구분할 수 있다면 백신 프로그램의 업데이트 없이도 새로운 악성 컴퓨터 바이러스를 인지하고 제거할 수 있을지도 모른다. 이런 백신 프로그램이 나와 남을 잘 구분하지 못하는 실수를 해서, 컴퓨터 주인이 만든 파일까지 제거해버린다면 이를 컴퓨터의 자가면역질환이라고 해야 할까? 물론 컴퓨터를 잘 모르는 면역학자의 상상이기는 하지만 말이다.

이처럼 나와 남을 구분하는 것은 이제 면역학적인 차원 이상에 있다. 병원성 미생물에 대한 면역반응, 이식된 장기에 대한 거부반응, 자가면역질환이나 알레르기 등의 의학적 차원을 넘어, 다양한 분야에서 사회적 차원으로 확장되고 있는 것이다.

면역세포의 차원이 아니라 인간 개체나 인간 사회의 차원에서 보더라도, 어쩌면 인간은 태생적으로 나와 남을 구분하는 데 익숙한 존재인지도 모른다. 내가 늘 경험하는 사람, 집단, 제도는 쉽게 받아들이고 용인하는 반면, 나에게 낯선 것들은 일단 거부하고 배척하는 것이 인간의 본성인 것 같다. 이런 면 때문인지 우리는 쉽게 내 편, 네 편을 갈라 싸우기도 한다.

면역학은 면역세포들이 나와 남을 어떻게 구분하는지에 대해 상세히 알게 되면서 그 기초가 세워지게 되었다. 어쩌면 나와 남을 구분하는 데 익숙한 인간의 본성이 이런 면역학의 기초 성립에 일조했는지도 모른다. 하지만 현대 면역학이 조금 더 발전하면서 나와 남의 구분이라는 명제가 그리 간단하지만은 않다는 사실이 점점 더 드러나게 되었다.

'나와 남을 구분한다'는 것은
어쩌면 우리에게 너무나 당연한 명제다.
나와 다른 것, 낯선 사람을 배척하는 것은
몸속에서 보내는 본능적인 신호일까?

A

나만의 답을
적어보세요

6강

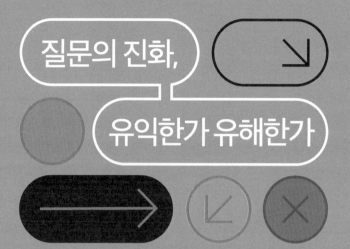

질문의 진화,

유익한가 유해한가

학문의 개념과 이론은
연구를 거듭하며 더욱 발전한다.
그리고 이때 도출한 원리는
삶에 적용할 만큼의
원초적인 진리를 포함하기도 한다.

생명의 신비 그리고 면역의 신비

나와 남의 구분이 면역반응의 기본 원리라는 점을 여러
차례 강조했지만, 이 또한 언제나 불변하는 것은 아니다.
이는 면역학이 발전하는 동안에도 여전히 질문으로 남아
있는 영역이었다. 다음의 모식도는 아무런 설명이 없더라
도 누구나 직관적으로 이해할 수 있을 것이다. 바로 한 여
성이 임신한 모습이다. 여기에서 태아는 남녀의 서로 다
른 유전자를 절반씩 물려받았다.

　이제 10개월 동안 여성은 절반은 자신의 유전자지만
다른 절반은 남성의 유전자로 구성된 태아를 자궁에서 품
으며 영양분을 공급하고 보호한다. 이는 장기이식의 상황

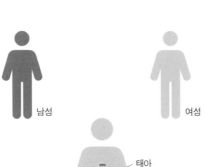

임신부와 태아의 면역학적 관계

과 비교해볼 때 의아할 수밖에 없다. 만약 부부 사이에서 여성이 남편의 장기, 예를 들어 신장을 이식받는다면 면역에 의한 거부반응이 일어나기 마련이다. 하지만 임신이라는 상황에서는 남편의 유전자를 보유하고 있는 태아를 오히려 보호하고 잘 길러내야 하는 것이다.

단 한 가지, 임신이라는 특수한 환경의 차이가 나와 남을 구분하는 면역반응의 양상을 바꿔놓은 것이다. 이런 일이 어떻게 일어날 수 있을까?

실제로 이런 이유를 밝히기 위해 많은 연구가 이뤄졌

고, 오늘날에는 태반에 면역을 억제하는 세포나 물질이 풍부하게 있다는 것이 밝혀졌다. 면역학에서 설정한 나와 남의 구분이라는 대전제가 임신이라는 특수한 상황에서는 전혀 성립하지 않는 것이다.

그리고 이런 태반의 면역 억제 시스템이 가능하지 않았다면 인간이라는 종 자체는 존속할 수 없었을 것이다. 그런 점에서 몸속 면역반응은 인간이 아직 다 깨닫지 못한 영역에서 훨씬 더 정교하게 구성되어 있음을 다시 한번 느낄 수 있다.

만약 태반의 면역 억제 시스템이 작동하지 않는다면 어떻게 될까? 당연한 이야기지만 임신을 유지할 수 없을 것이다. 임신은 되지만 반복적으로 유산을 경험하는 습관성 유산의 경우, 태반의 면역 억제 작용이 제대로 이뤄지지 않아 산모의 면역 시스템이 태아를 공격하기 때문이라는 연구 결과도 있다.

소설이기는 하지만, 『러브스토리』로도 유명한 작가 에릭 시걸Erich Segal의 『프라이즈Prizes』에는 이와 관련된 이야기가 나온다.

주인공인 면역학자 애덤은 반복적으로 유산을 겪는 여성들을 위하는 마음으로 그 원인을 연구한다. 그 결과

태반의 면역 억제 시스템이 망가져 반복적인 유산을 겪는
다는 사실을 알아내고 산모의 면역 시스템을 일시적으로
억제시켜 임신을 유지시킴으로써 성공적으로 아기를 낳
게 한다. 이런 업적으로 애덤은 노벨 생리·의학상 수상자
로 지명된다는 줄거리다.

어쩌면 나는 세균이 만든 존재

인간의 장 속에는 수많은 미생물이 존재하며, 이는 건강
한 사람의 경우도 마찬가지다. 이제는 유익균, 유해균이
라는 표현이 익숙할 만큼, 장내세균의 중요성은 이미 많
은 연구를 통해 밝혀졌다. 장내세균이 인간의 건강과 질
병에 미치는 영향은 최근 학계에서 크게 유행하고 있는
연구 주제이기도 하다. 이런 유행은 2006년 말에 발표된
한 논문으로부터 시작되었다.[4]

비만한 생쥐와 그렇지 않은 생쥐를 대상으로 한 실험
이었는데, 비만한 생쥐와 마른 생쥐의 장내세균 구성이
크게 다르다는 점이 밝혀졌다. 그리고 비만한 생쥐에 마
른 생쥐의 장내세균을 주입한 결과 비만도가 낮아진다는

것이 밝혀졌다. 이때부터 인간의 건강과 질병에서 장내세균의 중요성이 부각되기 시작했다.

장을 통해 배출되는 인간의 대변에는 음식물의 찌꺼기뿐만 아니라 대장에서 서식하다 죽은 수많은 세균이 포함되어 있다. 대변에서 수분을 뺀 중량의 40퍼센트가 세균덩어리라고 하니 상상만으로도 큰 양이다.

그런데 여기에서 의문이 들지 않는가? 장내세균은 내가 아닌 남인데, 이토록 많은 남들에게는 왜 면역반응이 일어나지 않을까?

사실 건강한 사람의 몸에 있는 장내세균은 인간과 공생한다고 볼 수 있다. 장내세균 중에는 인간이 소화시키지 못하는 물질을 분해해 흡수할 수 있도록 변환시킴으로써 소화를 돕는 기능을 하는 것도 있고, 인간의 장 속에 자리 잡고 있으면서 유해균이 장에 정착하는 것을 막아주는 역할을 하는 것도 있다.

그러니 한편으로 생각해보면 유익균에 대해 면역반응이 일어나지 않는 것은 일견 당연해 보이기도 한다. 남이라고 해도 나에게 해로울 것이 없다면 굳이 배척할 필요가 없는 것이다. 따라서 오늘날에는 면역반응에서 말하는 나와 남의 구분을 내 몸에 유익한 것과 유해한 것의 구분으로 바꿔야 한다는 이론들이 제기된다.

과거에는 이런 장내세균들의 종류와 역할이 상세하게 알려지지 않았다. 이를 파악하기 위해서는 대변으로부터 세균을 배양해 분석해야 하지만, 극히 일부 장내세균만이 시험관에서 배양되었기 때문이다.

하지만 차세대 염기서열 분석법이라고 하는 매우 효율적인 유전자 분석법이 나오면서 이야기가 바뀌었다. 장내세균을 배양하지 않고도 한 사람이 가진 장내세균 전체를 한번에 분석할 수 있게 되었다.

관련해 부상한 용어가 바로 마이크로비옴microbiome이다. 최근 TV에도 자주 등장하는 개념으로, 쉽게 말해 마이크로비옴이란 사람의 몸속에 서식하고 있는 모든 미생물들을 총체적으로 지칭한다.

과거에만 해도 한 사람의 유전자만 파악하면 그 사람의 모든 것을 아는 것처럼 여겼다. 그러나 이제는 한 사람의 마이크로비옴까지 알아야 그 사람에 대해 온전히 모두 알 수 있다는 개념이 득세하고 있다. 이런 이유로 최근 세계적으로 마이크로비옴이 인간의 건강과 질병에 미치는 영향과 그 중요성을 탐구하는 연구 프로젝트가 활발히 진행 중이다.

한 인간이 가지는 마이크로비옴의 양상에 따라 특정 질병이 더 잘 생기거나 덜 생기는지에 대한 연구들이 다양하게 이뤄지고 있는 것이다. 여기에 더해 만약 그것이 사실이라면 어떤 기전을 통해 특정 장내세균이 특정 질병의 발생에 기여할 수 있는지에 대한 연구도 이어지고 있다.

이들 연구는 더 나아가 결국 마이크로비옴이 한 인간의 특성을 결정하는 것이 아닌가 하는 의문을 품게 한다. 말하자면 인간 개개인의 특성이라고 생각했던 것들이 생각보다 마이크로비옴에 의해 결정된 것일지도 모른다는 이야기다.

보통 몸속에 존재하는 미생물의 수는 100조 개에 이른다고 한다. 이는 인간의 세포보다 10배 많은 수치다. 또한 몸속에는 1만 종이 넘는 미생물이 서식하고 있으며 유전자 복잡성도 체세포보다 100배 이상 다양하다고 한다.

생명 현상에 세균이 참여하고 있다면 세포 수로는 내 세포보다 세균의 개수가 훨씬 더 많은 것이다. 그렇다면 나라는 존재를 규정하는 데 나의 유전자가 중요할까, 아니면 세균의 유전자가 더 중요할까? 오늘날 많은 생각거리를 주는 질문이다.

이토록 시대적인 면역학

미국의 면역학자 폴리 매칭어Polly Matzinger는 나와 남의 구분이라는 면역학의 문제를 새로운 시각으로 재정립했다. 매칭어가 논문에서 제시한 위험이론dangerous theory에 따르면 면역반응이란 나와 남이라는 이분법에 따라, 즉 외부에서 유입된 낯선 물질이라고 무조건 작동하는 것이 아니다.[5]

면역반응은 외부로부터 유입된 남이 무해하다면 일어나지 않으며, 반대로 내 것이라고 하더라도 유해하다면 작동한다. 이는 오늘날 연구를 통해 증명되었으며 실제로 받아들여지고 있는 개념이다. 위험이론에 따르면 나와 공생하고 있는 장내세균은 남이지만 무해하므로 면역반응을 유발하지 않는다.

면역학 발전의 초기 단계에만 하더라도 면역반응에 관한 연구는 어떻게 나와 남을 구분할 수 있는지에 초점을 맞추고 있었지만, 시간이 흘러 나와 남보다는 무해한 것과 유해한 것의 패러다임에 따라 면역 현상을 바라보게 된 것이다.

이처럼 학문의 개념과 이론은 고정되어 불변하는 것이 아니다. 새로운 연구를 통해 끊임없이 다듬어지면서 보다 정교하게 발전한다. 그리고 이렇게 도출한 원리는 인간의 삶 자체에도 적용할 수 있을 만큼 원초적인 진리를 포함하고 있는 경우가 많다.

나와 남의 구분이라는 면역학적 원리 또한 마찬가지다. 철학자 한병철은 현대사회를 피로사회로 규정한 저서 『피로사회』에서 면역 현상을 다음과 같이 이야기한다.

지난 세기는 면역학적 시대였다. 즉 안과 밖, 친구와 적, 나와 남 사이에 뚜렷한 경계선이 그어진 시대였던 것이다. (…) 지난 세기의 면역학적 패러다임 자체가 철저하게 냉전의 어휘와 본질적으로 군사적인 장치의 영향 아래 놓여 있었다. 면역학적 행동의 본질은 공격과 방어이다. (…) 낯선 것은 무조건 막아야 한다는 것이다. 면역 방어의 대상은 타자성 자체이다. (…) 아무런 위험을 초래하지 않는 타자도 이질적이라는 이유만으로 제거의 대상이 되는 것이다.

이에 따르면 과학 또한 한 시대 속에서 발전하므로 당시의 사회적 분위기에 따라 형성된 패러다임을 자연스럽게 따르게 된다. 과학자가 세우는 가설 안에도 부지불식간에 언론의 목소리나 사회적 분위기가 담기는 것이다.

제2차 세계대전이 종료되고 동서로 양분된 채 이어진 냉전 시대의 학문은 정치적 상황과 무관할 수 없었다. 학문에도 나와 남을 나누는 냉전의 원리가 스민 것이다. 이때는 아무런 위험을 초래하지 않아도 타자라는 이유 하나로 제거의 대상이 된다.

결국 면역학에서 말하는 나와 남의 구분이라는 원리는 냉전 시대를 반영한 소산일 수도 있다는 것이다. 그리고 소련이 무너지고 냉전 체제가 와해되는 분위기 속에서 매칭어의 위험이론이 등장한다.

냉전이 종식되자 의학적 면역학 내부에서도 패러다임 전환이 일어난다. (…) 그녀의 면역학적 모델에 따르면 면역 시스템은 자아와 비자아, 나 자신과 타자를 구별하지 않는다. 면역 시스템에서 중요한 것은 우호적인 것과 위험한 것 사이의 구별이다.

태생적인 나와 남의 구분이 아닌, 나에게 이로운지 해로운지에 따라 아군과 적군을 나누는 새로운 기준이 제시된 것이다. 이는 사실 현대사회의 국제적·정치적 시각으로도 맞는 이야기다.

외국인 혐오증은 자아의 발전에도 득이 될 것이 없는 병적으로 과도해진 면역 반응이다.

세계화 시대라고 해서 여행이나 이민으로 인적 교류가 많아진 오늘날이지만, 외국인을 혐오하는 인종차별적 인식은 여전히 사라지지 않았다. 이는 나에게 해가 되지 않는 외부 물질에 과도하게 반응하는 알레르기 면역반응과도 같다는 것이다.

이제는 더 이상 면역반응을 단순히 나와 남의 구분이라 생각하지 않는다. 이는 이미 연구를 통해 증명되었다. 그러나 앞서 말했듯이 불변하는 진리란 없다. 학문이 시대상을 반영한다면, 다가올 시대에는 또 새로운 논리로 면역 현상을 설명하게 될지 모를 일이다.

코로나19 시대, 면역학이 가고 있는 길

이번 코로나19 팬데믹은 일반인들뿐만 아니라 학자들에게도 큰 영향을 미치고 있다. 각 학문은 저마다의 영역에서 코로나19에 대한 연구들을 활발히 진행하고 있다. 바이러스 감염에 대한 우리 몸의 면역반응을 연구하는 면역학자들도 예외는 아니다.

코로나19가 출현하기 전까지만 하더라도 코로나 바이러스는 학문적으로 그리 크게 유행하는 주제가 아니었다. 그런 만큼 이를 연구하던 면역학자들의 수도 그리 많지 않았다.

그러나 코로나19 팬데믹이 전 세계를 덮치기 시작하면서 원래 코로나 바이러스에 대해 연구하지 않았던 면역학자들도 이에 대해 연구하기 시작했다. 그 결과 2020년 한 해 동안에도 코로나19에 대한 면역반응을 주제로 수많은 논문들이 쏟아져 나왔고 지금 현재도 활발하게 출판되고 있다.

이런 논문들의 연구 주제는 다음과 같이 다양한 것들이다. 코로나19로부터 회복되면 항체나 기억 T세포는 잘 유도되는가? 기억 면역반응은 얼마나 오래 지속되는가? 코로나19로부터 회복되면 재노출 시 감염이 안 되는가? 면역반응은 바이러스 변이에 의해 쉽게 무력화되는가? 코로나19 감염 후 왜 사람마다 무증상, 경증, 중증과 같은 다양한 임상 양상을 보이는가? 중증 코로나19를 유발하는 과잉 염증반응의 기전은 무엇인가? 대충만 읽어봐도 우리가 꼭 알아야 할 질문들이라는 것을 알 수 있다.

이런 질문들에 대한 답을 찾는 것도 중요했지만, 무엇보다 코로나19 팬데믹에서 면역학이 한 가장 큰 기여는 재빠른 백신 개발이었다. 인류가 그동안 쌓아온 면역학에 대한 지식이 있었기 때문에 가능한 일이었다. 이를 통해 코로나19라는 신종 바이러스가 지구상에 나타난 지 채 1년이 되지 않아 백신을 성공적으로 개발하고 접종을 시작할 수 있었다.

하지만 면역학자의 시각에서 볼 때 다소 아쉬움도 있었다. 현대 면역학자들의 연구는 생쥐와 떼려야 뗄 수 없는 관계에 있었다. 어떤 바이러스에 대한 면역반응을 연구한다고 할 때 환자의 면역반응을 직접 연구하기에는 여러 가지 어려움이 따르기 때문이다. 그래서 널리 쓰이는 실험 동물인 생쥐를 모델로 이용해 연구를 수행하고 면역학적 지식을 쌓아왔다.

하지만 면역 시스템의 상세한 구성이나 작동 방식에서 인간과 생쥐는 다소 상이한 면도 있다. 과거에는 면역학의 지식을 쌓아갈 때 인간과 생쥐의 이런 차이는 간과되기 일쑤였다. 하지만 코로나19라는 전대미문의 바이러스로 환자가 급증하는 상황은 인간에게서 얻어진 면역학의 지식이 더욱 소중함을 새삼 느끼게 해주었다.

코로나19 팬데믹 이전부터 이런 점을 꾸준히 지적해온 면역학자가 있었다. T세포가 바이러스 단백질 조각을 인식할 때 사용하는 T세포 수용체 유전자를 발견해 일찍이 유명해진 미국의 면역학자 마크 데이비스Mark M. Davis다. 데이비스는 주요 면역학회에서 초청 강연을 할 때마다 그리고 여러 논문을 통해서, 이제는 생쥐의 질병을 치료하지 말고 인간의 질병을 치료해야 할 때라며 인간 면역학 연구의 중요성을 강조해왔다.[6] 그리고 이전과는 달리 이제는 우수한 연구 분석 방법들이 많이 생겼기 때문에 인간의 면역반응을 직접 분석하는 것도 가능하다는 점을 역설해왔다.

이렇게 인간 면역학의 중요성을 강조하다 보니 데이비스는 생쥐 면역학에 집중하는 많은 동료 면역학자들의 미움을 사기도 했다. 하지만 코로나19 팬데믹 시대가 되면서 데이비스의 말처럼 이제는 점차 인간 면역학에 집중해야 할 때라는 것을 조금씩 실감하고 있다.

이렇듯 코로나19라는 큰 사건이 바꿔놓은 것은 우리의 일상뿐만이 아니다. 면역학의 방향 또한 조금씩 달라져가고 있다.

면역계는 입체적이다, 당신이 그러하듯이

앞서 이야기한 위험이론은 오늘날 면역반응의 근간을 이루고 있는 이론으로, 이민자와 유리창을 깨는 사람의 비유를 통해 그 핵심을 더 잘 이해할 수 있다. 이는 『면역에 관하여』에 실려 있는 매칭어와 〈뉴욕타임스〉의 인터뷰 내용이다.

내부인과 외부인이라는 기준을 엄격하게 적용해 이민자를 전혀 허용하지 않는 사회와 사회 내부에 유익한지, 유해한지를 기준으로 삼아 질서를 흐트러뜨리지 않으면 이민자를 쉽게 받아 들이는 서로 다른 두 사회가 있다고 하자.

전자의 경찰은 외부인이라는 이유만으로 모두를 잡아갈 테지만, 후자의 경찰은 사회의 정해진 규칙을 잘 따르면서 발전에도 기여한다면 외부인이라고 해도 내쫓지 않을 것이다.

이때 만약 내부인 중에 유리창을 깨는 등 문제를 일삼는 사람이 있다면 어떨까? 전자의 경찰은 내부인이라는 이유 하나만으로 모든 것을 허용해줄 테지만, 후자는 아니다.

후자의 경찰에게는 유리창을 깨는 사람이 외부인인지 내부인인지는 중요하지 않다. 내부인일지라도 위험하다는 이유만으로 제지의 대상이 된다. 내부인에게도 파괴적인 행위는 결코 용납되지 않는다.

여기에서 후자에 해당하는 사회에서 통용되는 원리가 바로 매칭어의 위험이론이 이야기하는 면역반응이다. 위험이론에서의 경찰은 문제가 발생할 상황을 대비해 주위를 계속 순찰하지만, 누군가 새로 이민을 왔다고 하더라도 특별히 해를 끼치지만 않는다면 굳이 제지를 하지는 않는다. 그리고 외부인 또한 그 사회의 일원이 될 수 있다.

오늘날의 시각에서 위험이론은 여러 가지 면에서 상당히 타당해 보인다. 어떤 사람은 이를 두고 나와 남의 구분을 중시했던 냉전 시대의 영향을 받지 않았더라면, 처음부터 면역학에서 더욱 합당한 이론을 도출할 수 있었을 것이라고 아쉬워할지도 모른다. 하지만 이는 잘못된 생각이다.

과학은 언제나 단순한 모델에서 시작해 보다 복잡한 모델로 진화하기 마련이다. 당시의 현상을 과학적인 언어로 이해하기 위한 초기 모델이 있었기에 현실과 더욱 유사한 모델로의 발전이 가능한 것이다. 즉 오늘날 위험이론은 면역반응의 원리를 나와 남의 구분으로 설정했던 과거의 연구를 바탕으로 발전할 수 있었다.

이는 바로 앞서 설명한 생쥐 면역학과 인간 면역학의 관계에서 보아도 마찬가지다. 만약 면역학을 연구하는 중요한 이유를 인간의 질병을 치료하기 위한 것이라는 명제 하에만 두고, 면역학의 초기부터 인간의 면역현상만을 연구했다면 아마 현대 면역학은 지금처럼 발전하지 못했을 것이다.

인간과는 조금 달라도 꽤 유사성이 높은 생쥐라는 실험 동물을 이용해 연구했기 때문에 지금 우리가 알고 있는 현대 면역학을 정립할 수 있었다. 이제 인간 면역학에 조금 더 집중해야 한다는 말은, 생쥐 면역학을 부정하는 것이 아니라 바로 그 토대 위에서 그 이상의 발전을 이뤄보자는 제언인 것이다.

지금까지 면역학의 현대적 개념의 진화 과정을 이야기해봤다. 면역의 가장 중요한 명제인 나와 남의 구분을 바탕으로 면역반응에 대한 현대 모델인 위험이론을 살펴봤으며, 이런 원리가 어떻게 우리의 삶에 적용되어 있는지도 생각해봤다.

이를 통해 얻은 영감을 바탕으로 면역학적 개념을 다른 학문에도 적용한다면 다양한 학제 간 연구를 도모할 수도 있을 것이며, 실제 삶의 영역에도 활용할 수 있을 것이다. 면역학은 우리 모두의 몸속에서 일어나는 현상인 만큼, 면역학적 상상 또한 우리 모두에게 열려 있다.

몸속의 태아, 장내 유익균이 증명하듯
우리 몸은 나와 다르다는 이유만으로
무조건 배척하거나 제거하지 않는다.
이것이 우리에게 주는 시사점은 무엇일까?

A
나만의 답을
적어보세요

7강

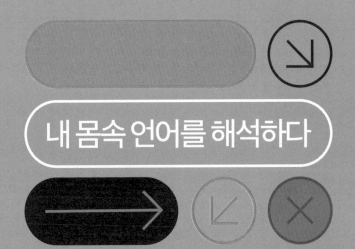

내 몸속 언어를 해석하다

원인 모를 질병은 아직도 무수하고,
그 발병의 네트워크를
이해하는 과정은 험난하다.
미래를 위한 기초연구만이
의학을 과학의 형태로 발전시킨다.

100년이 지나도 명중하는 '마법의 탄환'

지금까지 의학에 과학이 더해진 역사부터 면역학의 시작과 오늘날까지의 발전 과정을 이야기했다. 이제부터는 현재 면역학에서 가장 중심이 되는 사안을 살펴봄으로써 우리 사회와 구성원들이 어떻게 면역학을 받아들여야 할지를 함께 고민해보고자 한다.

앞서 여러 차례 바이러스의 감염 과정을 설명했다. 간단하게 다시 한번 정리해보자. 감염은 단순히 바이러스가 몸에 유입되었다고 이뤄지는 것이 아니라, 세포 안으로 침투했을 때 일어나며 세포 안에서 바이러스의 증식이 이뤄진다.

이때 B세포에 의해 생성되어 분비된 항체는 바이러스가 세포로 들어가지 못하도록 차단하는 역할을 하며, 한 번 항체를 만들도록 유도된 B세포는 이후에도 꾸준히 항체를 만들 수 있다. 이 중 바이러스가 세포 안으로 들어가는 것을 막는 기능을 하는 항체를 특별히 중화항체라고 하며, 백신이란 이런 항체를 의도적으로 생성하도록 유도하는 역할을 한다.

항체는 1800년대 후반 세균학의 발달 과정에서 자연스럽게 발견되었는데, 이때 정립된 면역반응의 기본 원리 중의 하나가 바로 특이성이었다. 그러나 사실 생물학이나 다른 의학 분야에서 특이성이라는 원리는 그리 일반적이지 않다.

예를 들어 장의 소화 원리만 생각해봐도 소고기, 돼지고기, 닭고기를 소화시키는 효소나 장 세포가 각각 따로 있는 것은 아니기 때문이다. 면역학이 발달하기 전까지 특이성이라는 현상은 생물학에서 그리 중요한 개념으로 받아들여지지 않았다.

독일의 면역학자 에를리히는 1870년대부터 특이성이라는 현상에 많은 관심을 가지고 있었다. 에를리히는 특히 화학 염료를 이용한 연구를 중점적으로 수행했는데,

'마법의 탄환' 개념을 주창한 파울 에를리히

특정 화학 염료를 이용해 특정 세포나 세균을 염색하는
데 일가견이 있었다고 한다. 그리고 이런 염색법은 그가
주창한 '마법의 탄환magic bullet'이라는 개념과 궁극적으로
이어지게 된다.

　마법의 탄환이란 특정 미생물만 염색할 수 있는 화학
염료가 있다면 특정 미생물에만 결합해 독성을 일으키는
것 또한 가능하다는 개념이다. 이를 바탕으로 에를리히는
훗날 살바르산이라는 매독 치료제를 개발한다. 인체에는
손상을 입히지 않으면서 병원성 세균만을 죽여 감염성 질

환을 치료하는 화학요법chemotherapy의 개념을 처음으로 도입한 것이다.

이후 특이성을 바탕으로 한 마법의 탄환 개념은 의학계에서 더욱 확장되어 항체로까지 이어지게 된다. 마치 정밀 유도 미사일처럼 특정 항체는 특정 미생물에만 결합해 효과를 발휘한다는 원리로, 항체 특이성의 개념도 이로부터 발전한 것이다. 그리고 이런 원리는 앞서 디프테리아 독소에 대한 항혈청을 개발한 폰베링의 연구에도 적용되었다. 에를리히는 면역학에서 항체 작용의 기본 원리 연구에 대한 공로를 인정받아 1908년 노벨 생리·의학상을 수상했다.

앞서 이야기했지만 이처럼 항체의 특이성을 이용하는 방법은 오늘날에도 여전히 사용되고 있다. 코로나19의 항체 치료제 또한 코로나19 바이러스의 스파이크 단백질에 특이적으로 결합해 바이러스 감염을 방해하는 중화항체를 생명공학 기술로 생산해 만드는 것이다. 비록 마법의 탄환은 100여 년이 넘은 낡은 개념일지 모르지만, 그 속에 담긴 원리만큼은 지금까지도 여전히 유효하다.

세포들의 의사소통이 중요한 이유

바이러스에 감염된 세포를 제거하는 T세포나 NK세포, 항체를 생성하는 B세포, 그리고 세균을 잡아먹는 대식세포와 같은 면역세포에게는 각각의 분업화된 임무가 주어져 있다. 세포의 특성에 따라 몸속 면역 시스템에서 저마다 특정한 역할을 달리 부여받고 있는 것이다. 마치 자동차 공장에서 한 대의 자동차를 완성하기 위해 생산 라인에서 서로 다른 공정의 분업이 이루어지고 있는 것과 같다.

이런 분업의 특성상 원활한 의사소통을 하는 것은 공통의 목표를 이루기 위해 가장 중요한 요건이다. 하등동물처럼 면역반응에 관여하는 면역세포가 한 가지뿐이라면 문제될 것이 없겠지만, 여러 면역세포들 사이에 분업화된 시스템이 필요한 인간과 같은 고등동물에게 면역세포들 간의 의사소통은 무엇보다 중요하다.

그렇다면 면역세포들은 서로 어떻게 의사소통을 할까? 바로 면역세포가 분비하는 단백질을 통해서다. 이때 세포들 간에 의사소통을 담당하는 단백질들을 통칭해서 사이토카인cytokine이라고 한다. 그 종류만 해도 100가지가 넘을 정도로 많다 보니 숫자를 붙여 각각을 구분하기도 한다.

예를 들어 백혈구 사이의 의사소통을 담당하는 단백질인 인터류킨interleukin, IL에는 단어 뒤에 번호를 붙인다. IL-1, IL-2, IL-3 이런 식으로 말이다. 그 이름 자체만으로는 의미를 알 수 없어 면역학자들도 인터류킨의 번호 이름만으로는 그것이 어떤 역할을 하는 것인지 금방 알아보지 못하는 경우도 있다.

그리고 당연한 이야기 같지만 서로 다른 사이토카인들은 각각 다른 작용과 역할을 한다. 어떤 사이토카인은 B세포에게 항체를 많이 생성하라는 명령을 전달하는 반면, 어떤 사이토카인은 T세포에게 활성화를 멈추고 다시금 원래의 평온한 상태로 돌아가라는 명령을 전달하기도 한다.

이런 명령은 면역세포들의 세포 표면에 있는 수용체 단백질을 통해 전달된다. 이들을 사이토카인 수용체라고 하며, 각각의 사이토카인에 특이적으로 결합한다. 다음의 모식도처럼 왼쪽의 면역세포가 분비한 사이토카인을 오른쪽의 면역세포가 사이토카인 수용체를 통해 인식하는 방식이며, 수용체 또한 사이토카인의 종류에 따라 각각

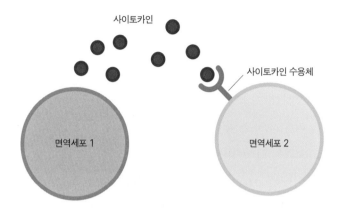

사이토카인

사이토카인 수용체

면역세포 1

면역세포 2

사이토카인을 통해 의사소통하는 면역 세포들

다르다.

물론 실제 면역 시스템은 이보다 훨씬 복잡하다. 감염이 일어나지 않은 상황에도 면역세포들 간에는 우리가 미처 이해하기 어려울 정도로 복잡한 의사소통이 일어나고 있으며, 바이러스나 세균이 침입했을 경우 더욱 활성화된다. 이런 면역 시스템의 활동은 흔히 전쟁에 비유된다.

외부의 적에 효과적으로 대응하기 위해 각 부대나 군인들 간의 원활한 통신이 중요한 것처럼 복잡한 면역 시스템이 순조롭게 작동하기 위해서는 면역세포들 간의 의사소통이 문제없이 이뤄져야 한다. 이처럼 면역 시스템에서 복잡하게 일어나는 상호작용을 면역 조절망immune network 이라고 한다. 의사소통망이 워낙 복잡하게 얽혀 있고, 이를 통해 양성 및 음성 조절이 다채롭게 이뤄지기 때문에 네트워크라고 부르는 것이다.

어떻게 보면 각각의 감염성 질환이나 면역 질환의 유발 과정을 이해하려는 면역학자들의 노력이란 각 질병 상황에서 일어나는 면역 네트워크 작용을 더욱 실제에 가깝게 이해하고 그려내는 것이라고도 할 수 있다.

각 질병에 따라 작동하는 면역 네트워크를 정확히 이해할수록 질병의 치료 방법을 세밀히 개발할 수 있기 때문이다. 바이러스 질환이나 자가면역질환, 알레르기, 그리고 암 등 면역 관련 질병을 연구하는 면역학자들이 각 질병마다 더욱 정교한 면역 네트워크 지도를 그리기 위해 연구를 거듭하는 이유이기도 하다.

아픔 없는 삶, 답은 네트워크에 있다

단순하게 생각하면 각 질병의 면역 네트워크를 정확하게 파악하는 연구는 신약 개발이나 제약 산업과는 동떨어져 있는 지루한 과정처럼 보인다. 면역세포들 간의 네트워크 관계 한 가지를 추가로 밝히는 데만 해도 최소 몇 년의 연구가 필요하기 때문이다. 그러나 면역학이 학문적 영역을 넘어 우리 삶과 중첩될 수 있는 이유는 바로 면역 네트워크에 있다.

여러 차례 설명했듯이 항체는 면역반응에 의해 본래부터 몸속에 존재하는 물질이며, 항체의 원리를 활용해 감염을 예방할 수 있도록 개발한 것이 백신이다. 즉 백신은 인간이 인위적으로 만든 것이지만 항체가 원래 가지고 있는 면역반응의 원리를 이용한 것이다. 그리고 바이러스에 결합하는 항체를 항체 치료제로 개발해 환자 치료에 이용하기도 한다.

그러나 오늘날에는 바이러스 질환만이 아니라 다른 질병에 대해서도 항체 치료제를 개발하고 있다. 이 모든 것은 각 질병의 면역 네트워크를 보다 정교하게 파악했기에 가능한 일이었다.

가장 좋은 예가 류머티스관절염이나 염증성 장질환, 건선과 같은 자가면역질환이다. 이전에는 이런 자가면역 질환의 발병 기전을 정확히 알 수 없었다. 하지만 1980~1990년대에 걸쳐 수행된 수많은 연구들을 통해, 각 질환

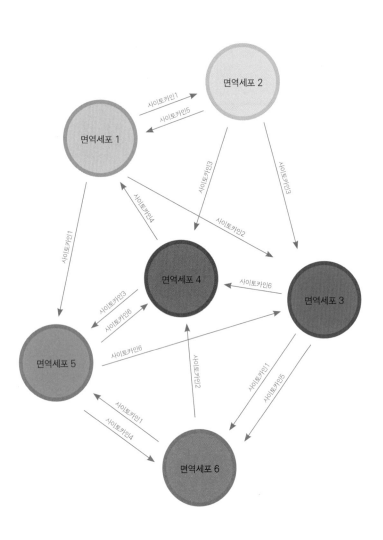

다양한 면역세포들과 사이토카인들로 이루어진 면역 네트워크

들에서 벌어지고 있는 면역세포들 간의 네트워크, 즉 사이토카인을 통한 의사소통의 방식들을 꽤 잘 이해하게 되었다.

예를 들어 류머티스관절염의 경우 종양괴사인자tumor necrosis factor, TNF(이하 TNF)라는 사이토카인이 염증의 발현에 중요한 작용을 한다는 사실이 알려졌고, 이에 따라 TNF의 작용을 차단함으로써 염증을 완화하는 방법이 제시되었다.

본래 우리 몸속에는 TNF라는 사이토카인 단백질에 대한 항체가 존재하지 않지만, TNF에 결합해 그 작용을 차단할 수 있는 항체를 인공적으로 만들어 치료제로 주입하게 된 것이다. 이런 식으로 개발된 TNF 억제 항체 치료제는 그 치료 효능이 입증되어 많은 환자들에게 도움을 주고 있다. 뿐만 아니라 TNF 억제 항체 치료제는 염증성 장질환의 치료에도 사용되고 있다.

그 후 추가 연구를 통해 자가면역질환의 발병에 인터류킨-17IL-17이라는 사이토카인도 중요한 역할을 한다는 사실이 알려졌다. 따라서 인터류킨-17에 결합해 그 기능을 차단하는 항체 치료제도 최근 개발되었고 건선과 같은 자가면역질환 치료에 이용되기 시작했다.

알레르기 또한 마찬가지다. 특히 중증 아토피나 천식의 경우 발병 과정의 면역 네트워크에서 인터류킨-4IL-4 및 인터류킨-13IL-13이라는 사이토카인이 중추적인 역할을 한다는 사실을 알게 되었다. 그리고 최근에는 이들 사이토카인 수용체에 결합해 그 기능을 방해하는 항체 치료제가 개발되어 환자들에게 처방되고 있다.

암의 경우에는 이야기가 조금 더 복잡하다. 암을 면역으로 치료하기 위해서는 항암 면역반응을 증강시켜야 한다. 이를 위해서는 암세포를 죽여 제거할 수 있는 T세포를 활성화시켜야 하지만, 암세포에 특이적인 T세포에는 T세포의 기능을 억제하는 단백질들이 과잉 발현되어 있다. 이런 T세포 기능 억제 단백질을 면역관문 수용체라고도 부른다.

따라서 항암 치료를 위해서 개발된 항체 치료제는 면역관문 수용체에 결합해 그 기능을 방해하는 역할을 한다. T세포 면역을 억제하는 단백질이 기능을 하지 못하도록 방해함으로써 결과적으로 T세포 기능을 증강시키는 전략이다.

이런 항암제를 면역 항암제라고 부르며 조금 더 전문적인 용어로는 면역관문 억제제immune checkpoint inhibitor, ICI(이하

ICI)라고 칭한다. ICI의 기본 원리는 한마디로 암세포에 대한 내재적인 면역반응이 더 활발히 일어나도록 촉진하는 것이다. 이 기본 원리를 발견한 공로로 미국과 일본의 의학자 제임스 앨리슨James P. Allison과 혼조 타스쿠本庶佑에게는 2018년 노벨 생리·의학상의 영예가 돌아갔다.

하지만 암 환자가 아니더라도 암세포에 대한 면역반응이 작동할 수 있다. 몸속에 암세포가 막 생기기 시작한 시점을 생각해보자. 그 순간 암세포에 대한 면역반응이 충분히 강하다면 인식하지 못하는 사이에 암세포가 제거될 수도 있다. 이를 면역감시immune surveillance 이론이라고 한다.

실제로 장기이식을 받아 면역 억제제를 복용하거나 후천성면역결핍증에 걸려 면역 체계가 망가진 환자의 경우에는 암 발생율이 높게 나타난다. 이는 면역감시 작용의 중요성을 간접적으로 보여주는 사례다. 이 이론에 따르면, 처음 내 몸에 생긴 암세포는 이에 대한 면역반응이 충분히 일어나지 않을 때 비로소 암덩어리로 자라난다고 할 수 있다.

그런데 한 가지 의문이 든다. 암세포는 원래 내 세포로부터 유래한 것인데 어떻게 이에 대해서 면역반응이 일어날 수 있을까?

내 단백질 정보를 가지고 있는 유전자에 돌연변이가 생긴 결과 암세포가 만들어진다는 것은 이미 잘 알려진 사실이다. 그러므로 암세포에 생긴 유전자의 돌연변이는 단백질의 돌연변이를 야기하고 이 때문에 면역세포는 암세포를 남으로 인식할 수 있는 것이다. 즉 돌연변이로 단백질이 변형되었을 경우에는 본래 내 몸에 있던 단백질이라 할지라도 남으로 인식되는 것이다.

그러나 본래 내 것이었던 암세포는 돌연변이가 일어났다고 하더라도 외부로부터 유입되는 병원성 미생물보다는 '남'의 특성이 약할 수 밖에 없다. 따라서 암세포에 대한 면역반응을 증강시키기 위한 방법들이 계속해서 연구되고 있다.

최근에는 각각의 암 환자에 존재하는 유전자 돌연변이를 파악해 이를 암 백신으로 만들어 투여하는 환자 맞춤형 암 백신 개발이 활발히 이뤄지고 있다.

내 몸속 조직폭력배를 단속하는 법

다른 기초과학 연구처럼 면역학 연구도 겉으로 보기에는

우리 삶과 동떨어져 보일지 모른다. 그러나 질병을 치료하는 인도적 차원에서도, 신약 개발을 통해 발전을 추구하는 산업적 차원에서도 기초 면역학 연구는 가장 중요한 기반이 된다.

실제로 면역학 연구를 통해 밝혀진 각 질병의 면역 네트워크를 통해 새로운 치료법들이 잇따라 개발되고 있다. 제약 산업에서의 응용을 위해서는 면역학 기반의 연구를 더욱 탄탄히 하는 것이 무엇보다 중요하다는 것을 시사해 준다.

물론 지구상에는 아직도 원인이나 치료법을 모르는 질병이 수없이 많고, 그 발병의 네트워크를 이해하는 과정은 쉽지 않다. 여러 차례 연구를 거듭했음에도 결국 치료법을 개발하지 못한 질병도 적지 않다.

각 질병의 면역 네트워크를 파악해 치료제를 개발하려는 연구는 마치 조직폭력배를 일망타진하기 위한 경찰의 수사와도 같다. 조직폭력단 자체를 와해시키기 위해서는 구성원 전체를 검거하는 것도 하나의 방법이겠지만, 실질적으로는 쉽지 않다. 이때 가장 효율적인 방법은 가장 핵심이 되는 구성원만을 검거하는 것이다. 이를 위해서는 조직폭력단의 두목은 누구인지, 실권은 누구에게 있는지, 자금책은 누구인지 등의 실질적인 관계와 역할을 열심히 조사해야 한다.

면역 네트워크 또한 마찬가지다. 많은 연구를 통해 각 질병에서 면역세포들 사이의 의사소통의 관계, 그리고 각 사이토카인들의 역할을 잘 규명함으로써 질병의 핵심 원리를 파악해야만 효과적인 치료법을 개발할 수 있다.

앞서 설명한 바와 같이, 오늘날에는 여러 가지 항체 치료제가 개발되어 각각의 용도에 맞게 질병 치료에 활용되고 있다. 이런 항체 치료제들은 현대에는 고도로 발달한 생명공학 기술에 따라 오염으로부터 완벽히 통제된 환경에서 대량 생산된다. 폰베링의 디프테리아 독소 항혈청 생산 때와는 비교할 수 없을 정도로 발전된 방식이다.

폰베링의 항혈청은 말이 하나의 생산 공장 역할을 했지만, 오늘날의 항체 치료제는 특정 항체 유전자를 넣은 배양 세포를 통해 시험관이라는 정제된 환경하에 엄격히 생산된다. 물론 항체 치료제의 근본적인 작동 원리는 그때나 지금이나 동일하다.

덴마크의 면역학자 닐스 예르네Niels Jerne는 면역 네트워크 개념을 주창한 공로를 인정받아 1984년 노벨 생리 · 의학상을 받았다. 같은 해에 면역학자인 독일의 게오르게스

1984년 노벨상을 수상한 닐스 예르네, 게오르게스 쾰러, 세사르 밀스테인(왼쪽부터)

쾰러Georges Köhler와 아르헨티나의 세사르 밀스테인César Milstein 또한 단일클론항체를 만드는 방법을 발명한 공로로 노벨 생리·의학상을 수상했다. 단일클론항체란 동일한 B세포에서 생성되는, 한 가지 항원에만 특이적으로 결합하는 항체를 말하며, 오늘날 항체 치료제 생산의 기초가 이들의 발명을 기점으로 마련되었다고 할 수 있다.

우리 삶 속 면역학

면역학자가 아닌 일반 대중들에게도 '면역'은 비교적 친숙한 단어다. TV를 틀면 면역력을 증진시켜 준다는 광고들을 쉽게 볼 수 있고, 면역력을 강화시키는 방법에 대한 뉴스도 심심치 않게 볼 수 있다.

오늘날 면역은 원래 그 단어가 가지고 있는 의미를 넘어서서 너무 남용되고 있다. 마치 면역이 모든 질병으로부터 내 몸을 지켜주는 만능 해결사인 것처럼 말이다. 하지만 면역을 공부하고 연구할수록 면역은 그런 것이 아니라는 것을 깨닫게 된다.

면역이 일반 대중들로부터 이처럼 많은 오해의 대상이 된 데는 물론 상업적 이득을 노리는 상술의 탓도 있겠지만, 면역학이라는 학문이 너무 어려운 학문이 되어버려 쉽게 이해되지 않는다는 이유도 있다. 실제로 면역학은 의과대학의 필수 과목이지만 의대생들조차 면역학을 가장 어려운 과목 중의 하나로 여기고는 한다. 그만큼 이해하기에 복잡한 학문이라는 뜻이다.

그러나 이처럼 어렵고 복잡한 면역이지만, 이제는 사회 구성원 모두가 면역을 제대로 이해해야 하는 시대가 되었다고 생각한다. 내 몸을 건강하게 유지하고 싶은 일반 시민, 그리고 내가 가진 질병을 이해하고 치료하고 싶은 환자의 입장에서는 더욱 그렇다.

뿐만 아니라, 이제는 주식 투자를 제대로 하기 위해서

도 면역을 제대로 알아야 한다. 면역학을 바탕으로 질병 치료제를 만드는 생명공학 벤처나 제약 회사들도 점점 늘어나고 있기 때문이다. 면역에 대한 대중의 이해를 높이기 위해서는, 현대 면역학의 원리와 성과를 쉬운 언어로 대중에게 소개하려는 면역학자들의 노력과 함께 내 몸의 원리와 과학을 제대로 이해하려는 대중의 노력이 함께 필요할 것이다.

지금까지 기초 면역학의 발전과 더불어 우리가 알게 된 면역 네트워크와 그 성과가 현대 의학에 성공적으로 적용된 사례인 항체 치료제들을 살펴봤다. 기초 면역학 연구가 비단 이론에만 그치는 것이 아닌, 실제 환자들의 삶에 가까이 가닿는 것임을 깨닫게 해주는 것은 이외에도 많다.

예를 들어 환자가 어떤 질병에 걸렸는지를 정확히 진단할 때 이용하는 항체 검사도 그중의 하나다. 그리고 장기이식을 하기에 앞서 조직 적합성을 미리 검사하는 것도 기초 면역학의 원리에 바탕을 두고 있다. 또한 최근 생명공학 분야의 비약적인 발전 또한 기초 면역학의 발전과는 떨어뜨려 생각할 수 없다.

코로나19 시대에 우리가 잊지 말아야 할 것도 기초와

기반의 중요성이다. 하루아침에 발견되는 치료법은 없다. 미래를 위한 기초연구가 꾸준히 선행될 때 의학은 과학의 형태로 한 단계 더 발전하고 환자에게도 실질적인 이득을 가져다줄 수 있다.

Q

내 인생을
위한
질문

내 몸의 면역 시스템은 지금 이 순간에도
복잡한 의사소통을 통해 작동하고 있다.
만약 우리 몸속 네트워크를 모두 발견하고
통제할 수 있게 된다면, 세상은 어떻게 달라질까?

A

나만의 답을
적어보세요

8강 ✕

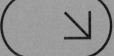

우리가 사는 세계 속

면역의 의미

면역반응의 기본 원리에는
한 사람의 몸속 생리를 넘어
인류가 역사를 지속할 수 있는
삶의 기본 원리가 담겨 있다.

면역에 대한 오해와 진실

의학은 과학의 다른 분야에 비해 삶과 죽음에 밀접한 관련이 있는 만큼 대중의 관심을 크게 받는다. 천체물리학에서 증명하는 블랙홀의 존재는 우주와 인간에 대한 성찰을 불러일으키기는 하지만 내 하루하루 삶과는 크게 상관없게 느껴진다. 반면 의학, 그중에서도 면역학의 연구 성과들은 코로나19 시대에 사람들의 관심을 한 몸에 받고 있다.

몸속 면역반응에 의해 항체가 생성되는 과정은 면역학자의 눈으로 봐도 신비롭다. 항체가 생성되었다는 것은 동일한 바이러스나 세균에는 절대 감염되지 않는 일종의 특권을 부여받은 것과 같기 때문이다. 사람들은 이런 원리가 세균학에 의해 1800년대 후반에 밝혀지기 전부터 이미 경험을 통해 알고 있었다.

그리고 이제 면역이라는 말은 그 자체로 건강과 직결된 개념으로 인식된다. 하지만 면역에 관해 우리가 가지고 있는 태도는 면역학자의 입장에서 봤을 때 바람직하지 않다.

오늘날 면역학에는 필요 이상의 과다한 이미지가 덧씌워져 있다. 인간이 앓고 있는 수많은 질병 중 면역학적인 원리나 기전과 상관없는 질병에까지 면역학적 해석의 틀을 갖다 대는 것이다. 바이러스나 세균의 감염으로부터 우리의 몸을 방어하는 것이라는 면역반응의 원리를 이와는 전혀 상관없는 온갖 종류의 질병에까지 범주를 확장시켜 건강의 기준으로 삼고는 한다.

이는 면역학자로서 결코 동의할 수 없는 논리다. 앞서 여러 번 이야기했던 자가면역질환의 경우만 봐도 면역반응은 너무 강하게 작동할 경우 오히려 건강에 해를 끼친다. 하지만 앞서 이야기했듯이 언론이나 광고에서는 마치 면역을 불로장생의 비밀이라도 된 듯이 '면역력'이라는 개념까지 사용하며 이야기한다. 면역과 건강은 결코 일차원적으로 연결 지을 수 있는 개념이 아니다.

물론 면역력이라는 개념 자체가 전혀 잘못된 것만은 아니다. 적어도 감염에 대한 면역반응이 현저히 낮은 특수한 경우에는 면역력이 낮다는 표현을 사용할 수 있을 것이다. 국방력에 비유한다면 만약 10만 명의 군인이 있어야 하는 군대에 1만 명의 군인만 있다면 그 국가의 국방력은 당연히 약할 수밖에 없다. 여기에서 국방력을 면역력으로 바꿔보자.

보통의 사람에 비해 극단적으로 면역반응이 낮은 경우는 분명 면역력이 약하다고 할 수 있다. 그러나 대부분의 사람들은 10만 명의 군인을 가지고 있다고 봐야 한다. 이때 각 국가마다 육·해·공군의 비율과 무기 체계가 다르고 이에 따라 각 국가 군대의 장단점이 서로 다른 것처럼, 사람들마다 구체적인 면역반응의 특성은 다르게 나타날 수 있다.

면역이 극단적으로 낮은 질병인 면역결핍질환에는 선천성면역결핍증primary immunodeficiency과 앞서 이야기한 후천성면역결핍증이 있다. 선천성면역결핍증은 유전자 이상 때문에 태어날 때부터 특정 면역세포가 존재하지 않거나 사이토카인이 제 기능을 안 하는 등의 문제가 있는 경우다.

이와 달리 흔히 에이즈라고 하는 후천성면역결핍증은 HIV에 의해 CD4 T세포가 감염되어 발생한다. 다른 면역 세포들의 작용을 도와주는 CD4 T세포가 장기간의 HIV 감염에 의해 파괴되면 면역반응이 정상적으로 작동하지 않아 면역결핍 상태에 이르게 되는 것이다. 물론 최근에는 HIV 증식을 억제하는 우수한 효능의 항바이러스제들이 개발되어 더 이상 불치의 병으로 인식되지 않으며, 감염자도 정상적인 삶을 누릴 수 있게 되었다. 모두 앞서 살펴본 이야기다.

면역력의 개념을 적용할 수 있는 또 다른 사례는 장기 이식 후 거부반응을 막기 위해 면역 억제제를 복용하는 환자나 항암 치료를 받는 암 환자의 경우다. 고전적으로 사용되는 항암제들은 빠르게 증식하는 세포들을 파괴하는 방식으로 항암 작용을 하는데, 이때 암세포 외에도 빠른 속도로 증식하는 장 상피세포나 모근 세포들도 파괴시키는 부작용이 나타난다. 이때 골수세포도 영향을 받아 면역 세포의 일종인 호중구neutrophil의 숫자가 감소하게 된다.

따라서 이런 항암 치료는 혈액 검사를 통해 계속해서 호중구 수치를 확인하며 진행된다. 호중구 수치가 급격히 감소할 경우 세균 감염에 취약할 수 있기 때문이다. 이때는 골수에서 호중구 생성을 촉진시키는 약을 사용해 호중구 수치를 정상으로 증가시킨 후 항암 치료를 이어가기도 한다.

이상에서 말한 몇몇 경우에는 면역에 특별히 신경을 써야 하는 만큼 면역력이라는 개념을 도입해도 좋다. 그러나 이런 질병에 걸린 것이 아닌 이상 정상적인 사회생활을 하는 대부분의 사람들에게는 면역력이라는 개념 자체가 큰 의미가 없다.

특히 최근에는 코로나19 시대를 맞이하며 특정 음식이나 건강보조식품이 면역력을 높여준다는 속설과 광고가 난무한다. 면역의 기능이 정상 범주 내에 있는 대부분의 사람들에게는 모두 소용 없는 노력일 뿐이다.

전지전능한 면역력은 없다

바이러스와 세균, 곰팡이부터 회충까지 외부의 병원성 기생체들은 몸속에 들어오면 각자가 선호하는 곳에 자리를 잡고 증식을 하며 기생 생활을 시작한다. 이때 각 병원성 기생체는 앞서 설명했듯이 서로 다른 곳에 자리를 잡는다.

반복하자면, 바이러스의 경우에는 세포질까지 침입해 세포질 안에서, 결핵균과 같은 세균은 대식세포에 잡아먹힌 후 막으로 둘러싸인 세포 내 구조물 안에서 살아남아 증식한다. 반면 대부분의 세균과 곰팡이는 세포 안으로 침입하지 않고 세포 밖의 공간에서 증식한다. 심지어 눈에 보일 만큼 큰 크기의 회충 같은 기생충은 장관 안에서 서식한다.

여기에서 중요한 것은 병원성 기생체들이 몸속 어디에 기생하느냐에 따라 면역반응도 각기 다르게 발동한다는 점이었다. 즉 기생 장소에 따라 그에 알맞은 면역반응도 각기 달라, 각각의 장소에 특화된 면역세포가 존재하고, 그런 과정을 도와주는 사이토카인이 작동한다는 이야기다.

이때 면역반응의 방향을 결정짓는 데 가장 중요한 역할을 하는 것이 CD4 T세포다. 앞서 말했듯이 CD4 T세포는 또 다른 이름으로 도움 T세포라고도 불리는데, 상당히 다양한 기능의 세포로 특화되는 특징을 지닌다.

예를 들어 결핵균처럼 대식세포에 잡아먹힌 후 막으로 둘러싸인 세포 내 구조물 안에서 증식하는 병원성 미생물에 대해서는 1형 도움 T세포가 작동하고, 회충처럼 큰 기생충에 대해서는 2형 도움 T세포가 작동한다. 그리고 세포 외 공간에서 사는 세균이나 곰팡이에 대해서는 17형 도움 T세포가 작동한다. 바이러스처럼 세포질에서 증식하는 경우에는 1형 도움 T세포 및 킬러 T세포가 작동한다. 이처럼 상대가 되는 기생생물이 사는 장소에 따라 특화된 도움 T세포가 작동함으로써 각기 다른 방식으로 다양한 면역반응이 작동되는 것이다.

그렇다면 이처럼 다양한 종류의 면역반응들 중 어떤 면역반응이 강해야 면역력이 강하다고 할 수 있을까? 바꿔 말해, 어떤 면역세포가 강한 것이 좋을까? 모두 강한 것이 좋을까? 물론 이론상으로는 모든 면역세포가 강한 것이 좋을지도 모른다.

그런데 실제 면역학에서는 1형 도움 T세포와 2형 도움 T세포가 서로의 작용을 방해한다. 즉 둘 다 강할 수는 없는 구조다. 예산이 한정된 군대에서 탱크를 구입하느냐, 비행기를 구입하느냐, 아니면 잠수함을 구입하느냐 하는 선택의 기로에 놓인 것과도 같다.

또한 앞서 면역반응이 과도하게 작동할 경우 류머티스관절염 등의 자가면역질환이나 알레르기 등의 질환이 발생한다고 했던 것을 떠올리면 무조건 강한 면역반응이 나타나는 것도 적절하지 않다.

면역 시스템은 병원성 미생물의 종류 및 기생 장소에 따라 각각 다르게 발달되어 있고, 그마저도 동시에 작동하도록 설계되어 있지 않다. 이런 점을 감안한다면 면역력은 쉽게 측정해 일률적인 점수를 매길 수 있는 성질의 것이 아니라는 점을 이해할 수 있을 것이다.

결국 면역력이란 결코 과도하게 맹신해서도 안 되며, 쉽게 측정할 수도 없는 개념이다. 특정 질병의 경우 환자 상태의 평가에 도움이 되는 검사가 있을 수는 있겠지만, 대부분의 사람들이 기대하는 것처럼 한 가지 지표로 면역력을 점수화한 측정은 불가능하다. 즉 면역력을 높인다는 논리 자체가 모순이며, 이처럼 홍보하는 건강보조식품에는 어떤 과학적 근거도 없다.

일상생활을 하다 보면 면역력이 떨어진 듯한 느낌을 받을 때도 있다. 흔히 피곤할 때 입술에 물집이 생기는 경험을 하는데, 이는 몸속에 잠복해 있던 헤르페스 바이러스가 면역 시스템이 일시적으로 약화되었을 때 다시 나타나는 것일 뿐이다. 이런 경우에까지 면역력이라는 개념을 갖다 대며 건강보조식품을 먹어야 한다고 주장하는 것은 무리다. 우리 모두 경험해봤듯이, 입술에 생긴 헤르페스 바이러스 물집은 잘 자고 잘 먹는 등의 기본적인 안정만 취해도 저절로 없어지지 않는가.

현대 의학을 흔히 근거중심의학evidence-based medicine, EBM이라고 한다. 이는 1970년대에 주창된 개념으로, 임상시험을 비롯한 체계적인 연구를 통해 얻은 과학적 근거를 바탕으로 표준적인 치료법을 확립하고, 이에 따라 의료 행위를 하는 것을 말한다. 쉽게 말해 의학이라는 큰 집을 지을 때, 구성하고 수정하는 모든 단계를 과학적 방법론에 입각해 진행한다는 의미다. 오늘날 의학을 과학적인 학문이라고 이야기할 수 있는 이유가 이것이다.

극단적으로 표현하면, 신약 개발 시 약의 작동 기전을 완전히 파악하지 못했다고 하더라도 임상시험 결과 약의 안전성과 효능이 증명되었다면 과학적 방법론을 통한 근거를 획득한 것으로 볼 수 있다.

그 이전까지 특정 질병에 대한 판단은 의사 개인의 경험에 의존해 있었고, 동일한 질병에 대한 처방도 각기 달랐다. 소위 명의라는 개념이 통하는 시대였다. 그러나 근거중심의학을 바탕으로 한 현대 의학에서 의사가 내리는 의사결정은 표준화된 지침에 따라 있다. 의사는 근거중심의학하에 수행된 임상시험을 통해 그 효과가 입증된 약들만 처방한다.

이런 상황에서 전 세계를 통틀어 면역력을 강화시켜 준다는 약이나 식품 중 근거중심의학의 방식으로 증명된 것은 단 하나도 없다. 이 사실은 무엇을 뜻할까? 그 의미는 굳이 말하지 않아도 알 것이다.

왜 누구는 더 심하게 아플까

앞서 면역력이라는 개념은 의미가 없다는 이야기를 여러 번 강조했다. 그렇다면 똑같이 코로나19 바이러스에 감염되었는데도 누구는 무증상으로 넘어가고 누구는 사망에까지 이르는 상황을 어떻게 이해해야 할까? 특히 동일한 기저 질환을 가진 같은 연령의 고령자인데도 코로나19 감염의 결과는 상이하게 나타날 수 있으니 말이다. 이런 경우야말로 누구는 면역력이 강해서 무증상으로 넘어가고 누구는 면역력이 약해서 사망에까지 이른 것은 아닐까?

동일한 바이러스에 감염되더라도 그 결과가 다르게 나타나는 것은 여러 가지 이유로 설명할 수 있다. 첫 번째는 바이러스 감염량이다. 동일한 장소에서 동일한 감염원으로부터 코로나19 바이러스에 감염되었다고 하더라도 각 사람마다 처음 체내로 들어온 바이러스의 개수는 다를 것이다. 물론 이미 감염되어버린 환자의 체내에 맨 처음 들어왔던 바이러스의 개수를 파악할 수는 없다. 하지만 처음 체내로 들어온 바이러스의 개수가 많을수록 더 중증 질환을 앓는다는 것은 이미 동물실험을 통해 수많은 바이러스로부터 입증된 사실이다.

두 번째는 각 사람마다 서로 다른 유전자 특성이다. 유전자는 사람마다 다르며 이런 유전자들이 각각의 특성을 결정짓는 중요 요인이라는 점은 잘 알려져 있다. 이런 이유로 동일한 코로나19 감염에 대해서도 조금 더 잘 버티게 하거나 취약하게 하는 유전자가 있을 것이라는 추정을 할 수 있다. 이런 가설하에 현재도 여러 연구들이 진행되고 있다. 하지만 이런 유전자가 발견된다고 해서 모든 감염에 잘 버티게 하거나 모든 감염에 취약하게 하는 유전자로 이해할 수는 없을 것이다.

세 번째는 과거의 감염 경험이다. 모든 사람들은 각자 다른 감염 경험을 가지고 있다. 본인이 알든 모르든 말이다. 앞서 설명했지만, 많은 연구 결과를 통해 코로나19 바이러스의 경우에는 이와 유사성을 가진 친척 바이러스인 감기 코로나 바이러스의 감염 경험이 코로나19 환자의 중증, 경증을 결정짓는 데 중요한 역할을 할 수 있다는 것이 시사되었다.

최근 감기 코로나 바이러스에 걸렸다 회복한 경험이 있는 사람들은 이에 대한 기억 T세포가 형성되어 있는데, 이런 사람들이 코로나19에 감염되면 교차 면역반응을 할 수 있는 기억 T세포가 재빠르게 활동함으로써, 코로나19 바이러스를 제압할 수 있다는 것이다. 아직은 조금 더 검증이 필요한 가설이라고 할 수 있다.

왜 동일한 코로나19에 감염되더라도 사람마다 결과가 다른지에 대해 세 가지 이유를 간단히 살펴봤다. 그리고 이들 모두 사람들이 일반적으로 이야기하는 면역력과는 관련이 없음을 금방 깨달을 수 있다.

굳이 코로나19 바이러스에 대한 면역력을 강화시키고 싶다면 우리가 할 수 있는 일은 딱 한 가지다. 바로 코로나19 백신을 맞는 것이다. 코로나19 백신 접종으로 모든 바이러스에 대해서는 아니어도, 적어도 코로나19 바이러스에 대한 면역력은 획득할 수 있다. 이렇게 특이성을 전제로 한 면역력의 개념은 받아들여도 좋다.

면역력을 과하게 권장하는 사회

직업이 면역학자이다 보니 평소에 지인들로부터 어떤 약이나 건강보조식품을 먹는지에 대한 적지 않은 질문을 받는다. 그때마다 면역력은 건강과 직결된 개념이 아니고, 면역력이란 단순히 증가시킬 수 있는 것도, 무조건 높인다고 좋은 것도 아니며, 일률적으로 측정할 수도 없다고 설명해주지만 돌아오는 대답이라고는 처음과 같은 질문이다. "그래서 뭘 먹는데?"

마지못해 비타민을 먹는다고 대답하면 이제 비타민을 면역력과 연관 지어 이해하려고 애쓴다. 비타민 섭취는 영양학적인 관점에서 결핍되기 쉬운 영양소를 채운다는 개념일 뿐인데 말이다.

한편 면역과 스트레스의 상관관계에 대한 재미있는 연구 결과들도 있다. 일반적으로 큰 시험이나 프로젝트 등으로 스트레스를 받는 상황에서 면역반응이 저하될 것으로 생각하기 쉽지만, 오히려 적당한 스트레스가 있을 때는 면역반응이 정상적으로 작동하고 스트레스가 해소될 경우 면역반응이 낮아진다는 것이다. 큰 시험을 앞두고 긴장하고 있을 때는 괜찮다가도 오히려 끝난 후에 긴장이 풀리며 감기에 걸리는 등의 경험을 해본 적이 있을 것이다. 스트레스가 단순히 면역에 안 좋다고 볼 수도 없으며, 여러 심리적인 요인까지 고려해야 한다는 점을 시사한다.

현대사회는 면역력을 너무 과하게 권장한다. 특히 코로나19 시대를 맞이하며 그 정도는 더욱 심해졌다. 많은 사람들이 바이러스나 면역에 관심을 기울이고, 코로나19에 대한 과학적인 연구 성과들도 뉴스 보도를 통해 쉴 새 없이 흘러나온다. 하루 사이에도 반전을 거듭하는 보도가 난무하는 상황에서 어떤 것이 사실이고, 어디까지가 진실인지에 대한 판단은 쉽지 않다.

이럴 때일수록 면역력이 곧 질병에 대한 방어력을 의미하지는 않는다는 점을 깨닫고 현명한 대처를 해야 한다. 코로나19를 비롯해 모든 과학 연구 성과와 분별없이 쏟아지는 언론 보도를 보다 넓은 관점에서 받아들여야 한다. 특히 코로나19 시대가 되면서, 이전에는 신중하게 논문을 정리해 출판하던 과학자들조차 충분히 검증되지 않은 연구 결과를 논문의 형태로 쉽게 출판해 대중에게 공개하고 있다.

이런 정보 홍수의 시대에는, 특정 논문은 어디까지나

특정 학자의 주장이라는 사실을 기반으로 큰 강의 흐름을 보려고 노력해야 한다. 논문 한 편은 아직 정설로 굳어진 팩트가 아니다. 데이터를 기반으로 한 것이지만 어디까지나 한 연구팀의 주장이다. 결코 무비판적으로 그대로 받아들여서는 안 된다. 모든 것을 의심할 필요는 없지만 비판적 사고를 통해, 과학의 이름으로 포장된 거짓이 없는지 선택적으로 받아들여야 한다. 그리고 이를 바탕으로 큰 강의 흐름을 봐야 한다.

와인이 심장병 예방에 도움이 된다는 이야기를 한 번쯤 들어본 적 있을 것이다. 그런데 어느 날 이에 반대되는 연구 결과가 새롭게 나오면 어떨까? 혼란스러울 것이 당연하다. 하지만 그렇다고 행동 하나하나를 세세하게 바꿀 필요는 없다. 큰 강의 흐름을 보면 된다.

담배가 폐암의 주요 원인이라는 것은 오늘날 누구나 아는 사실이지만, 이런 주장이 영국에서 처음 제기되었을 때만 하더라도 그렇지 않다는 주장을 하는 논문들도 꽤 출판되었다. 하지만 시간이 흐르며 더욱 과학적인 근거를 가진, 사실에 가까운 결론을 주장하는 논문들이 자연스럽게 우세해졌고 오늘날에 담배와 폐암의 상관관계는 일반 상식으로 받아들여진다. 큰 강의 흐름을 본다는 의미가 바로 이런 것이다.

이는 특히 코로나19 시대를 살아가는 현대인들에게 필요한 자세다. 쏟아지는 양극단의 보도들을 접하며 사람들의 반응은 무관심과 불신이라는 두 가지로 양분되고 있다. 비단 면역학뿐만 아니라 과학의 발전에 무관심과 불신은 큰 걸림돌이다. 논문 한 편, 한 편의 주장이 아닌, 큰 강의 흐름을 본다는 마음가짐으로 과학적 연구 성과를 받아들임으로써 코로나19 시대를 현명하게 헤쳐나가야 한다.

우리의 내일을 위한 사회적 백신

코로나19 바이러스의 최초 발생과 전파를 두고 중국 정부의 은폐를 지적하는 이야기를 한 번쯤 들어봤을 것이다. 실제로 중국에서는 중국 정부가 코로나19를 초기에 은폐하려다 실패했다는 점과 함께 체르노빌 사건과의 유사성을 지적하는 보도가 이뤄지기도 했다. 진실은 아직 알 수 없지만, 만약 사실이라면 1986년 체르노빌 원자력 발전소 폭발 사고의 악몽이 다른 방식으로 재현된 셈이다. 이런 일들은 왜 반복해서 벌어질까?

바로 과학자들이 역할을 해야 할 영역에 관료주의가 과도하게 개입되어 있기 때문이다. 이 경우 많은 일들이 무엇이 과학적으로 옳고 그른지에 대한 심사숙고 없이 결정된다. 과학적 문제는 치밀한 분석과 명확한 해결 방법 없이 주먹구구식으로는 절대로 해결되지 않는다. 구 소련 관료 집단이 체르노빌 사고의 심각성을 축소한 결과 이후 더욱 큰 참사가 벌어진 것이 뼈아픈 예다. 즉 과학의 문제를 과학의 시각으로 해결하지 않고 정치나 이념의 시각으로 해결하려 한다면 그 문제는 없어지지 않을 뿐만 아니라 더욱 증폭될 것이라는 점을 명심해야 한다.

코로나19도 마찬가지다. 오늘날 코로나19의 창궐이 누군가의 은폐 시도로 더욱 증폭된 것이라면 전 세계가 그 값을 너무나도 비싸게 감당하고 있는 것이다. 이처럼 사회에서 일어나는 많은 일들, 특히 과학적 대처가 필요한 종류의 일들은 사실을 숨긴다고 해서 결코 바뀌지 않는다. 과학적으로 빨리 대처하는 것만이 문제를 해결하는 길이라는 사실을 시민 모두와 정부 차원에서 인식하고 있어야 한다.

기초과학 연구에 대한 인식 또한 개선되어야 할 부분이다. 면역세포들의 네트워크 연구는 겉보기에는 우리 삶과 동떨어져 보일지 모른다. 하지만 면역학을 이용하는 의학 분야에서는 면역학적 기전에 대한 명확한 연구가 선행되어야 신약을 개발할 수 있다. 면역 네트워크 연구는 질병의 원인 기전을 차단하는 항체 치료제 개발을 위한 기초 자료가 된다.

하지만 많은 경우 일반 시민이나 정부 담당자는 이런 인식을 가지고 있지 않다. 기초연구를 과학자의 호기심 충족 수단으로만 오해하고, 세금으로 책정된 연구비인 만큼 신약 개발과 같은 즉각적인 혜택을 제공해주기만을 기대한다. 과학의 성과를 제대로 누리기 위해서는 시민과 정부 모두 근시안적 잣대에서 벗어나 조력자 내지는 후원자의 입장에서 기다리는 자세를 갖춰야 할 것이다.

백신은 의학의 역사에서 인간의 기대 수명을 획기적으로 연장시키는 큰 역할을 했다. 항체가 한번 생성된 사람은 같은 질병에 감염되지 않으며, 이때 일어나는 2차 면역반응은 1차 면역반응에 비해 더 빠르고 효율적으로 작동한다. 인간이 이런 몸속 면역반응을 이해한 이후로 오늘날까지 많은 감염성 질환이 백신을 통해 예방되었고 더이상 감염성 질환은 무서운 존재가 아니게 되었다.

그러나 미증유의 코로나19 시대를 맞이하며, 전 세계

는 1년 동안 백신 없이 코로나19 바이러스와 싸우며 전에 없던 방식으로 살았다. 결국 코로나19 팬데믹은 종식될 것이다. 그리고 더 강력한 신종 바이러스는 언제고 또 찾아올 것이다. 하지만 우리는 과거에 비해 더 강해졌고, 다가오는 미래에는 더욱 발전해 있을 것이다. 이미 우리 사회, 더 나아가 전 세계가 코로나19 팬데믹을 경험하며 지혜와 경험을 쌓았기 때문이다. 어쩌면 코로나19 팬데믹은 미래에 올지도 모를 더욱 심각한 신종 바이러스의 백신일지도 모른다.

코로나19 팬데믹을 경험한 우리 모두에게는 이제 기억면역이 남았다. 오늘을 통해 우리는 기초과학 연구의 중요성과 방역 시스템 개선의 필요성도 인식했다. 이미 한 차원 더 강력한 대응 능력을 가진 사회로 진화한 것이다.

개인 차원에서의 백신이 인간의 수명을 한 차원 높게 연장시킨 것처럼, 사회 차원에서의 백신은 오늘의 잘못을 교훈 삼아 다가올 코로나19 이후 시대를 준비하도록 이끌 것이다. 면역반응의 기본 원리에는 몸속 생리를 넘어 인류가 역사를 지속할 수 있는 삶의 기본 원리가 담겨 있다.

Q

내 인생을
위한
질문

이 책을 읽은 당신에게 '면역의 의미'는 무엇인가?

A

나만의 답을
적어보세요

_____

_____

_____

_____

_____

_____

_____

_____

Keyword 인생에 지혜를 더할 요약정리 키워드

면역반응
immune response

바이러스나 세균 같은 병원성 미생물이 우리 몸에 침입했을 때 우리 몸이 대응하는 방어 작용으로, 항체나 T세포가 주요 역할을 한다. 면역반응의 기본 원리가 오늘날 백신을 개발하는 데도 적용되고 있다.

항체
antibody

바이러스나 세균 같은 병원성 미생물에 감염되면 이에 특이적으로 결합하는 항체가 B세포로부터 생성된다. 백신 접종을 통해 인위적으로 항체를 생성시킬 수도 있다. 생성된 항체는 혈액이나 체액에 녹아 전신에서 작용을 하며, 바이러스가 세포 안으로 들어가지 못하게 하거나 세균을 제거하게끔 하는 역할을 할 수 있다.

중화항체
neutralizing antibody

항체 중에서는 바이러스와 결합은 하면서도 방어작용은 하지 못하는 경우가 있다. 이때문에 바이러스가 세포 안으로 침투하는 것을 막아주는 기능을 하는 항체를 '독을 중화한다'는 의미의 중화항체라고 부른다.

T세포
T cell

바이러스에 감염된 세포와 그렇지 않은 세포를 구분하여 감염된 세포를 제거하는 면역세포로, 항체와 함께 면역반응의 양대 축이라 불릴 만큼 중요한 역할을 한다. 특이성과 기억 현상을 통해 작동하며, 자연적인 바이러스 감염이나 백신을 통해 T세포 반응을 유발할 수 있다.

기억 현상
immunological memory

바이러스나 세균 같은 병원성 미생물에 한 번 감염된 바 있으면 이후에 동일한 미생물에 노출되었을 때 면역반응이 신속하고 강하게 나타나는 현상을 말하며, 항체와 T세포 면역반응의 주요 특징이다. 면역의 기억 현상은 백신을 통해서도 유발될 수 있다.

특이성
specificity

항체와 T세포 면역반응의 또 다른 주요 특징. A바이러스에 의해 생긴 면역은 A바이러스에만, B바이러스에 의해 생긴 면역은 B바이러스에 대해서만 작동하는 것을 일컫는다. 특이성으로 인해 면역반응은 각각의 바이러스나 세균에 대해서만 작동한다. 이 때문에 백신도 각각의 바이러스나 세균에 대한 백신을 따로 맞아야 하는 것이다.

집단 면역
herd immunity

한 인구 집단의 상당수가 특정 감염성 질환에 면역을 가진 상태가 되면 면역이 없는 개체까지도 간접적으로 보호받을 수 있다는 의미다. 수의 분야에서 발달한 개념으로, 가축을 키우는 목장에서 최소한의 개체에만 백신을 접종해 전체 개체의 면역을 기대하는 것을 뜻한다.

mRNA 백신
messenger RNA vaccine

백신 플랫폼 기술로, 특히 코로나19 백신 개발 연구에서 주목을 받았다. 대개 백신은 바이러스의 단백질을 변형시키거나 인위적으로 만들어 이용하는데, mRNA 백신의 경우에는 바이러스 단백질 대신 단백질을 만드는 유전정보를 지닌 mRNA 자체를 백신으로 이용한다.

질병 X
disease X

2018년 2월 세계보건기구가 발표한, 향후 중요하게 다뤄야 할 질병 목록 중 하나. 코로나19 이전부터 과학자들 사이에서 언젠가 출현하여 대유행을 일으킬 것이라 여겨진 강력한 신종 바이러스를 지칭한다. 결과적으로 코로나19는 첫 번째 질병 X가 되었다.

주석

1   Robert M. Beyer et al., Shifts in global bat diversity suggest a possible role of climate change in the emergence of SARS-CoV-1 and SARS-CoV-2. Science of The Total Environment, volume 767, 145413, 2021.

2   Retraction: Ileal-lymphoid-nodular hyperplasia, non-specific colitis, and pervasive developmental disorder in children. The Lancet, volume 375, p.445, 2010.

3   Klas Kärre, How to recongnize a foreign submarine. Immunological Reviews, volume 155, pp.5~9, 1997.

4   Peter J. Turnbaugh et al., An obesity-associated gut microbiome with increased capacity for energ y harvest. Nature, volume 444, pp.1027~1031, 2006.

5   Polly Matzinger, Tolerance, danger, and the extended family. Annual Review of Immunology, volume 12, pp.991~1045, 1994.

6   Bali Pulendran and Mark M. Davis, The science and medicine of human immunology. Science, volume 369, eaay4014, 2020.

참고문헌

대니얼 데이비스 저, 양병찬 역, 『나만의 유전자』, 생각의힘, 2016.

대니얼 데이비스 저, 오수원 역, 『뷰티풀 큐어』, 21세기북스, 2020.

루바 비칸스키 저, 제효영 역, 『메치니코프와 면역』, 동아엠앤비, 2017.

맷 릭텔 저, 홍경탁 역, 『우아한 방어』, 북라이프, 2020.

스튜어트 블룸 저, 추선영 역, 『두 얼굴의 백신』, 박하, 2018.

율라 비스 저, 김명남 역, 『면역에 관하여』, 열린책들, 2016.

재러드 다이아몬드 저, 김진준 역, 『총, 균, 쇠』, 문학사상사, 2005.

찰스 그레이버 저, 강병철 역, 『암 치료의 혁신, 면역항암제가 온다』, 김영사, 2019.

한병철 저, 김태환 역, 『피로사회』, 문학과지성사, 2012.

KI신서 9628

보이지 않는 침입자들의 세계

1판 1쇄 발행 2021년 3월 24일
1판 3쇄 발행 2022년 6월 20일

지은이 신의철
펴낸이 김영곤
펴낸곳 ㈜북이십일 21세기북스

인생명강팀장 윤서진   인생명강팀 남영란 강혜지
디자인 withtext 이지선
출판마케팅영업본부장 민안기
마케팅2팀 나은경 정유진 박보미 백다희
출판영업팀 이광호 최명열
제작팀 이영민 권경민

출판등록 2000년 5월 6일 제406-2003-061호
주소 (10881) 경기도 파주시 회동길 201(문발동)
대표전화 031-955-2100   팩스 031-955-2151   이메일 book21@book21.co.kr

(주)북이십일 경계를 허무는 콘텐츠 리더

21세기북스 채널에서 도서 정보와 다양한 영상자료, 이벤트를 만나보세요!
페이스북 facebook.com/jiinpill21   **포스트** post.naver.com/21c_editors
인스타그램 instagram.com/jiinpill21   **홈페이지** www.book21.com
유튜브 youtube.com/book21pub

서울대 가지 않아도 들을 수 있는 명강의! 〈서가명강〉
'서가명강'에서는 〈서가명강〉과 〈인생명강〉을 함께 만날 수 있습니다.
유튜브, 네이버, 팟캐스트에서 '서가명강'을 검색해보세요!